일제침탈사 24
바로알기

우리가 몰랐던

용산기지 일제침탈사

● 김천수 지음 ●

동북아역사재단
NORTHEAST ASIAN HISTORY FOUNDATION

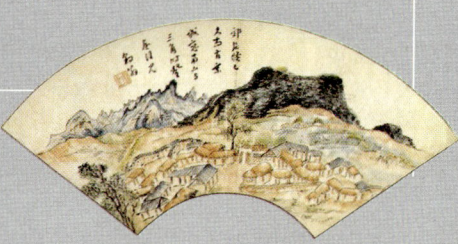

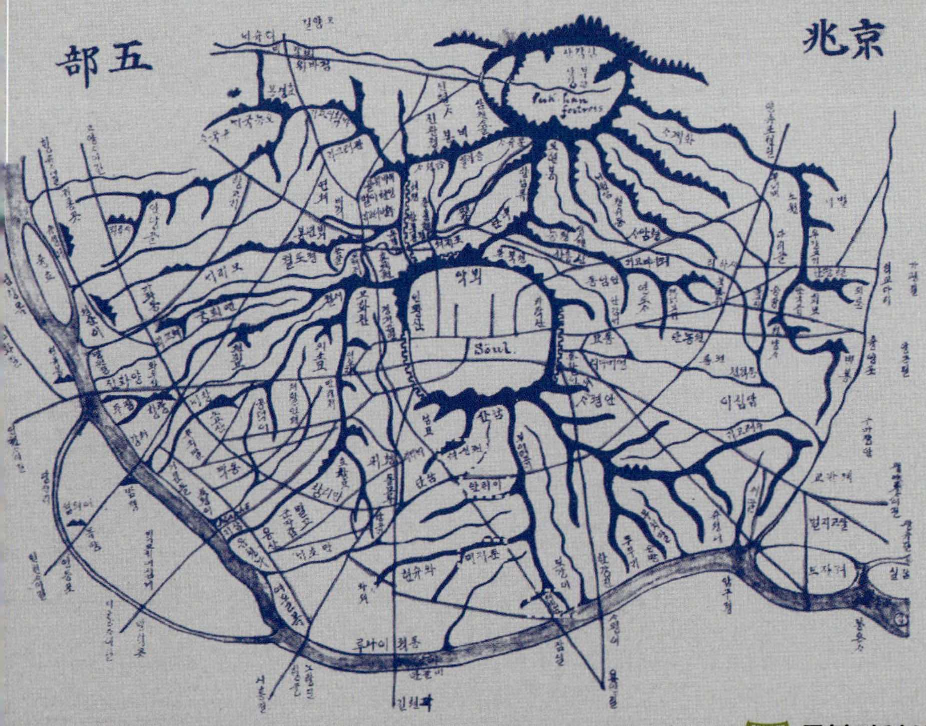

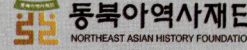

발간사

　일본이 한국을 침탈한 지 100년이 지나고 한국이 일본의 지배로부터 벗어난 지 70년이 넘었건만, 식민 지배에 대한 청산은 이루어지지 못하고 있습니다. 일본의 독도영유권 주장은 도를 넘어섰습니다. 일본은 일본군'위안부', 강제동원 등 인적 수탈의 강제성도 인정하지 않고 있습니다. 일본군'위안부'와 강제동원의 피해를 해결하는 방안을 놓고 한·일 간의 갈등은 최고조에 이르고 있습니다. 역사문제를 벗어나 무역분쟁, 안보위기 등 현실문제가 위기국면을 맞고 있습니다.

　한·일 간의 갈등은 식민 지배의 역사를 어떻게 볼 것인가 하는 역사인식에서 기인합니다. 역사는 현재와 과거의 대화이며 이를 기반으로 미래로 나아갈 수 있습니다. 과거 침략의 역사를 미화하면서 평화로운 미래를 말하는 것은 불가능합니다. 식민 지배와 전쟁발발의 책임을 인정하지 않고 반성하지 않으면 다시 군국주의가 부활할 수 있고 전쟁이 일어날 위험성도 배제할 수 없습니다. 미래지향적 한일관계를 형성하고 나아가 동아시아의 평화와 번영의 기틀을 조성하기 위해 일본은 식민 지배의 책임을 인정하고 그 청산을 위해 노력해야 할 것입니다.

　식민 지배의 역사를 청산하기 위해서는 식민 지배는 어떻게 이루어졌는지 그 실상을 명확하게 규명하는 일이 긴요합니다. 그동안 일본제국주의에 맞서 조국의 독립을 위해 헌신한 독립운동가들의 활동을 찾아내고 역사적으로 평가하는 일에는 상당한 성과를 거두었습니다. 반면 일제 식민침탈의 구체적인 실상을 규명하는 일에는 충분한 노력을 기울이지 못했습니다. 제국주의가 식민지를 침탈했다는 것은 너무나 당연한 사실로 여겨졌기 때문에, 굳이 식민 지배에서 비롯된 수탈과 억압, 인권유린을 낱낱이 확인할 필요가 없었는지도 모릅니다. 그러는 사이 일본은 식민 지배가 오히려 한국에 은혜를 베푼 것이라고 미화하고, 참혹한 인권유린을 부인하는 역사부정의 인식을 보이는 데까지 이르고 있습니다. 일제의 통치와 침탈, 그리고 그 피해를 종합적으로 조사하고 편찬할 필요성이 여기에 있습니다.

일제침탈사를 체계적으로 정리하는 일은 개인이 감당하기 어렵습니다. 이에 우리 재단은 한국학계의 힘을 모아 일제침탈사 편찬위원회를 꾸렸습니다. 편찬위원회가 중심이 되어 일제의 식민지 침탈사를 정치·경제·사회·문화 모든 방면에 걸쳐 체계적으로 집대성하기로 했습니다. 일제 식민침탈의 실체를 파악하기 위해 2020년부터 세 가지 방면으로 사업을 추진하고 있습니다. 하나는 일제침탈의 실상을 구체적이고 생생한 자료를 통해서 제공하는 일로서 〈일제침탈사 자료총서〉로 편찬합니다. 다른 하나는 이들 자료들을 바탕으로 연구한 결과물을 〈일제침탈사 연구총서〉로 간행합니다. 그리고 연구의 결과를 대중들이 이해하기 쉽게 〈일제침탈사 교양총서〉를 '바로알기' 시리즈로 간행합니다. '바로알기' 시리즈는 우리 중학교, 고등학교 학생들도 어렵지 않게 읽을 수 있도록 제작했습니다. 오랫동안 학계에서 공부해 온 전문가 선생님들이 일제 침탈과 관련된 다양한 주제를 집필 해 주셨습니다. 이해하기 쉽도록 해당 주제를 사안별로 나눠 집필해서 가독성을 높였고, 사진과 도표도 충분히 곁들였습니다. '바로알기' 시리즈를 통해 많은 시민과 학생들이 제국주의 일본의 한반도 침탈과 그로인한 피해 실상을 바로 알 수 있게 되기를 바랍니다.

2023년
동북아역사재단 이사장

머리말

　용산기지는 우리 민족의 아픈 근현대사를 품은 장소다. 오랫동안 청군, 일본군, 미군이 번갈아 가며 주둔지로 사용했기 때문이다. 외국군의 주둔지가 된 이곳은 우리에겐 '금단의 땅'이자 '이방인의 땅'과도 같았다. 그러나 지난 2022년 용산기지에 주둔했던 미군 부대들이 모두 평택으로 이전하면서 외국군 주둔의 용산 시대가 막을 내렸다. 이와 함께 용산기지가 100여 년 만에 우리 품으로 돌아왔고 이제 국가를 대표하는 '용산공원'으로 새롭게 탈바꿈하는 중이다. 하지만 우리는 이 땅의 역사에 대해 과연 얼마나 알고 있을까?

　필자는 용산연구가로서 그간 많은 시민들을 만나며 용산기지의 역사를 대중에게 알려 왔다. 용산기지 해설을 시작하면서 항상 다음과 같은 질문을 던진다. "용산기지에는 용산이 있을까요? 없을까요?" 백이면 백, 대다수는 "용산기지에 용산이 있다"라고 말한다. 용산이 있으니까 용산기지가 아니냐고 말이다. 그러면 필자는 이렇게 답을 한다. "용산기지에는 용산이 없습니다. 대신 우리가 잘 모르고 이름마저 낯선 둔지산이 있습니다."

　"둔지산?" 대부분은 처음 들어 봤을 것이다. 둔지산은 서울 남산(목멱산)에서 이어져 용산기지의 등줄기를 이루는 나지막한 야산이다. 국립중앙박물관에서 용산기지를 바라보면 푸른 녹지를 볼 수 있는데 그곳이 둔지산이다. 흔히 둔지산을 '둔지미'로 불렀다. 무엇보다 중요한 사실은 둔지산은 우리의 선조이자 이 땅의 주인이었던 둔지미 주민들의 오랜 삶의 터전이었다는 점이다. 하지만 러일전쟁 직후 일제가 둔지미 마을을 강제 철거함으로써 마을의 오랜 역사와 전통은 흔적도 없이 사라졌다. 대신 일제가 용산기지를 설치하면서 둔지미 마을은 '삶의 터전'에서 '식민통치의 심장부'로 바뀌었다. 그런 까닭으로 지금은 둔지산(둔지미)이란 이름마저 낯설게 된 것이다.

그렇다면 용의 모습을 닮은 진짜 용산은 어디에 있을까? 용산은 지금의 용산기지와는 전혀 관계없는 서울 원효로와 마포 일대에 있었다. 예부터 우리 선조들은 인왕산에서 한강으로 뻗어나간 산줄기가 마치 용의 모습을 닮았다고 해서 '용산'이라고 불렀다. 고려 때 수도 후보지로 알려질 만큼 산수지리가 빼어났고, 조선 8도의 물자가 모여든 수운과 물류의 중심지였다. 그러나 일제의 침탈과 강점으로 용산이라는 지명은 엉뚱하게도 둔지산(현 용산기지 일대)으로 옮겨 갔고 둔지산이 용산으로 둔갑하면서, 오늘날 우리는 마치 용산기지에 용산이 있는 것으로 잘못 알고 있다. 그렇다. 대한민국 수도 서울 한가운데 위치한 용산기지의 역사에 대해서 잘 모르는 우리의 씁쓸한 현실이다. 어떤 이들은 심지어 이곳이 한때 일본군 군사기지였다는 사실도 모른 채, 미군이 용산기지를 만든 것으로 알고 있다. 그 누구 하나 이 땅에 얽힌 역사를 제대로 말해 주는 사람이 없었기 때문이다.

용산기지에는 용산이 없다는 사실, 애초 이곳이 우리 선조들의 삶의 터전이었다는 사실, 일제가 한국을 강점하기 위해 용산기지를 만들었다는 사실만큼은 알아야 한다.

이 책은 용산기지에 얽힌 역사적 배경과 맥락을 뿌리부터 살펴보면서 용산기지의 일제침탈사를 다양한 자료와 함께 풀어 보려고 했다. 이 책이 독자들에게 용산기지의 역사를 이해하는 데 작은 길잡이가 되기 바란다.

김천수

차례

발간사 • 2

머리말 • 5

1. 잃어버린 용산! 용의 모습을 닮은 용산은 어디에 있을까? 10
2. 둔지산(둔지미)에는 어떤 마을들이 있었을까? 16
3. 천흥철의 준호구를 통해 본 둔지미 주민들의 삶 22
4. 김홍도의 스승 강세황이 둔지산에 정자를 두었다고? 26
5. 왕들이 기우제를 지냈던 제단-둔지산 남단 31
6. 고종의 아버지 흥선대원군 이하응이 납치된 곳은 어디일까? 38
7. 둔지미 마을은 어떻게 군사기지로 바뀌었을까? 44
8. 둔지미 마을의 역사가 고스란히 새겨진 〈한국 용산 군용 수용지 명세도〉 50
9. 일제의 군용지 수용 과정에서 둔지미 주민들은 어떻게 저항했을까? 62
10. 일제 영구 지배의 꿈! 일본군 용산기지는 어떻게 만들어졌을까? 70
11. 둔지미 신촌에 일제의 통감 관저가 들어서려 했던 이유는? 80
12. 용산기지에 남아 있는 일제침탈 흔적 들여다보기 89

   1) 일제 무력의 심장부, 조선군사령부 청사 터 89

   2) '용산아방궁'의 흔적, 용산 총독 관저 터 95

   3) 한국근현대사의 증언자,
      조선군사령부 제2청사(옛 대한민국 육군본부 벙커) 100

   4) 용산기지의 수수께끼, 방공호 터널 105

5) 식민지 조선인 청년들의 한이 서린 곳, 일본군 제78연대 병영 109

6) 용산기지에서 만나는 중국근대사, 일본군 공병대 병영 114

7) 한반도 유일의 일본군 군사감옥, 용산위수감옥 119

8) 한·중·미·일의 아픈 역사,
    만주사변 전사자 충혼비(미8군 전몰자 기념비) 123

참고문헌 • 129
찾아보기 • 133

1

잃어버린 용산!
용의 모습을 닮은 용산은 어디에 있을까?

오늘날 시민들에게 "용산(龍山)이 어디에 있을까요?"라고 물어보면 대개는 아래 지도처럼 '용산미군기지(파란색 표시)'를 중심으로 삼각지와 용산

오늘날 서울 용산구 지도 빨간색 표시는 마포구 일부와 용산구 원효로 일대, 파란색 표시는 용산미군기지 일대이다.

출처: 네이버 지도

역 그리고 이태원'을 떠올린다. 더구나 대통령실이 용산기지와 이웃한 국방부 청사로 옮겨 오자 많은 언론들이 대통령실을 '용산 대통령실'이라고 부르면서부터 대다수의 시민들은 용산기지(용산공원 조성 부지)에 '용산'이 있는 것으로 알고 있다. 심지어 용산기지 내 주한미군이 운영하는 호텔도 용의 언덕, 즉 용산에 있다고 생각해 '드래곤 힐 호텔(Dragon Hill Lodge)'이라는 이름을 붙였다. 하지만 용의 형상을 띤 '용산'은 용산기지 안 그 어디에도 없다. 이게 무슨 말일까? '용산기지에 용산이 있는 것 아니었나요'라고 다들 알고 있을 것이다. 결론적으로 말하면 용산기지에는 용산이 없다.

그렇다면 용산은 대체 어디에 있을까? '용산'은 한양 도성 서쪽 인왕산에서 뻗어 나간 산줄기가 한강을 향해 구불구불 나아간 모양이 마치 용(龍)의 모습을 닮았다고 해 붙인 산 이름이자 땅 이름이다. 즉 '용산'은 현재의 '용산기지'와는 전혀 다른 위치인 용산구 효창공원에서 마포 일대에 이르는 긴 산줄기를 말했다(앞 지도의 빨간색 표시 지역). 현 서울 마포구와 용산구의 경계인 용산성당이 자리한 곳이 용산의 정상 부근에 해당한다. 해발 약 80미터가 조금 안 되는 높이다. 용산이 한강과 만나는 곳은 마치 용이 머리를 든 모습 같다 하여 '용두봉'이라고 불렀다. 어떤 사람들은 목마른 용이 한강물을 마시러 가는 형세라고 보았다. 이러한 사실들은 각종 고지도와 문헌에도 등장한다. 심지어 1884년경 일본 육군참모본부 소속 첩보장교가 만든 비밀군사지도(축척 1:10,000 〈마포근방도〉)에도 용산의 위치가 잘 나온다. 이 지도는 일본군 첩보장교가 서울 일대를 불법으로 측량해 작성한 지도로 현재 미국의회도서관에 있다.

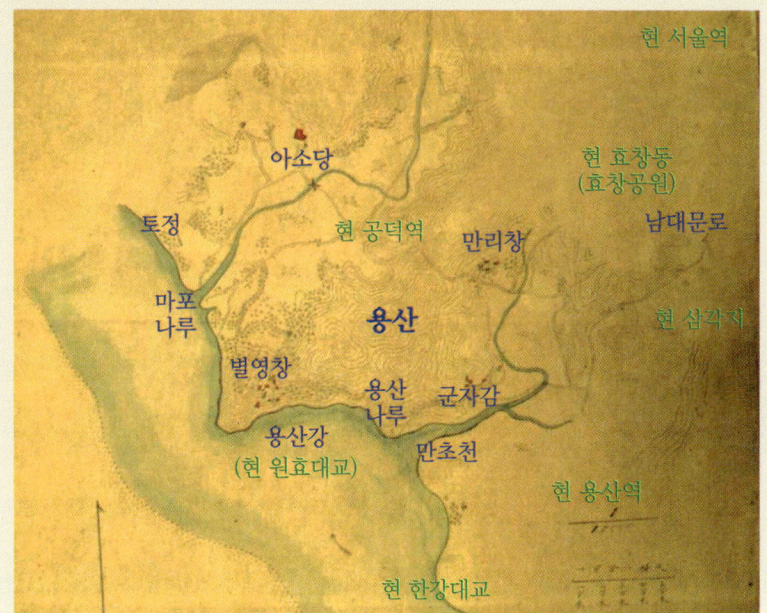

마포근방도 1884년 일본 참모본부 소속 첩보장교가 제작한 축척 1:10,000 지도이다. 〈마포근방도〉는 용산과 마포 일대를 상세하게 묘사한 지도로 앞 〈오늘날 서울 용산구 지도〉의 빨간색 표시 지역에 해당한다. 이해를 돕기 위해 예전 지명을 파란색으로, 현재 지명을 녹색으로 표시하였다.

출처: 미국의회도서관

1930년 한강 노들에서 바라본 용산 일대 전경 한강철교 위로 보이는 긴 산줄기가 용산으로, 현재 우리가 알고 있는 용산기지와는 전혀 다른 위치다.

출처: 『일본지리풍속대계』, 1930

앞의 사진은 일제강점기인 1930년대 한강 노들에서 용산을 보며 찍은 사진이다. 이때만 해도 용산의 산줄기가 정말 잘 보였다. 6·25전쟁 이후 급속한 개발과 도시화로 말미암아 용산의 산줄기가 많이 훼손되었지만, 자세히 보면 현재도 그 모습을 어느 정도 유지하고 있다. 언제 기회가 있을 때 노들에서 한강 북쪽을 바라보며 꼭 용산을 찾아보기 바란다.

2000년 한강 노들 일대에서 바라본 용산 일대 전경

출처: 서울연구원

그럼 여기서 용산은 어떤 곳이었는지 간략히 그 역사를 짚어 보자. 용산이 우리 역사에 처음 등장하는 것은 『고려사』에서이다. 1101년 (숙종 6) 고려의 수도 남경의 후보지를 물색하는 가운데 '용산'이라는 지명이 처음으로 나온다. 즉 고려 때부터 용산은 한 지역명으로 존재했다.

최사추(崔思諏) 등이 돌아와서 아뢰기를, "신 등이 노원역(盧原驛)과 해촌(海村), 용산(龍山) 등에 가서 산수(山水)를 살펴보았는데, 도읍을 세우기에는 적당하지 않았으며 오직 삼각산(三角山) 면악(面嶽)의 남쪽이 산의 모양과 물의 형세가 옛 문헌에 부합합니다. 주간(主幹)의 중심인 대맥(大脈)에서 임좌병향(壬坐丙向)하여 형세를 따라 도읍을 건설하기를 청합니다"라고 하니, 왕이 허락하였다.

- 『고려사』 11권, 1101년 10월 8일

이후 조선시대에 들어와서는 한성부 관할의 성저십리(성 밖 약 4킬로미터) 지역으로 포함되었다. 조선 초기 용산은 한양 도성 밖에 위치하여 주민이 적고 한적한 강촌을 이루고 있었으나, 조선 후기에는 경강(한강)을 중심으로 많은 인구가 모여들고 상업경제가 발달하면서 한성부 서부 '용산방(龍山坊)'이라는 정식 행정구역으로 지정되었다. 용산방은 용의 모습을 닮은 용산을 중심으로 오늘날 마포와 공덕 일대까지 포함했다. 물류와 수운의 중심지였기에 용산(용산방)에는 군수물자를 보관하는 군자감을 비롯해 별영창, 만리창 등 국가의 각종 창고가 즐비했다(〈마포근방도〉 참조). 도성 방위에도 중요한 지역이었기에 조선 초기 수군을 용산에 두었고, 임진왜란 때는 왜군이 한양을 함락시킨 뒤 용산을 근거지로 삼아 작전을 벌이기도 했다. 특히 1593년 봄에는 용산에서 명나라와 왜군이 강화회담을 하는 등 임진왜란 전쟁사의 한 전환점을 이룬 장소였다.

한편, 용산은 예로부터 아름다운 경치로도 유명했다. 바로 한강을 끼고 있었기 때문이다. 지금은 한강이라는 하나의 명칭을 사용하지만, 조선시대에는 용산 아래를 흐르는 한강을 별도로 '용산강', '용산호(용호)',

'용산포'로 불렸다. 오늘날 한강의 원효대교 부근이다. 용산 마루에서 보면 푸르른 한강이 눈앞에서 휘어 돌아가고, 여의도와 밤섬이 둥둥 떠 있고, 강 너머 저 멀리 관악산, 청계산 등이 펼쳐져 있어 수많은 시인 묵객들이 묵어갔다. 때문에 용산에는 많은 정자와 별장들이 자리 잡았다. 고려시대 학자 목은 이색(李穡)은 용산에 하룻밤도 머물지 못하고 지나가는 것을 매우 아쉬워하며 시를 남길 정도였다. 용산의 아름다움을 노래한 〈용산팔경〉도 현재까지 전하고 있다. 조선 성종 때에는 용산 언덕에 '용호독서당'이라는 독서당을 두었는데 이곳에서 공부하는 것은 많은 문인들이 선망하는 일이었다. 정조도 용산 별영창(훈련도감 군인들의 급료를 관리하던 곳)에 읍청루를 짓고 누각에서 군사훈련을 참관하며 시를 읊었다. 이처럼 한강을 배경으로 아름다운 풍광을 자랑했던 용산은 조선 후기에 이르러서는 상업경제의 발달과 함께 수륙교통의 중심지로 더욱 발달하게 되었다.

2
둔지산(둔지미)에는 어떤 마을들이 있었을까?

지금의 용산기지가 위치한 곳은 '용산'이 아닌 '둔지산(屯之山)'이 있던 곳이다. 둔지산은 순우리말로 둔지미·둔지뫼·둔지매 등으로 불렸다. 그렇다면 둔지산이라는 지명은 우리 역사에 언제 처음 등장했을까? 옛 문헌에 둔지산이 처음 나오는 것은 지금으로부터 약 570년 전에 편찬된 『세록실록』「지리지」이다. 여기에는 "둔지산에 노인성단, 원단, 영성단, 풍운뇌우단(일명 남단)이 있다"라고 쓰여 있다. 즉 둔지산은 조선 초기 국가 제단이 있던 신성한 장소였다. 조선 후기에 그려진 〈경조오부도〉에도 전생서 아래에 국가 제단인 남단(南壇)이 표시되어 있다. 그런데 둔지산의 지명 유래에 대해서는 학자들마다 의견이 분분하다. 지명연구가 배우리는 둔지산은 평지 가운데 솟은 '작은 산'이나 '언덕'을 의미한다고 보고 있고, 어떤 언어학자들은 둔지산의 '둔(屯)'은 마을에 대응하는 고유어 지명으로 보기도 한다. 또한 두산백과나 서울지명사전에는 한강을 지키는 군

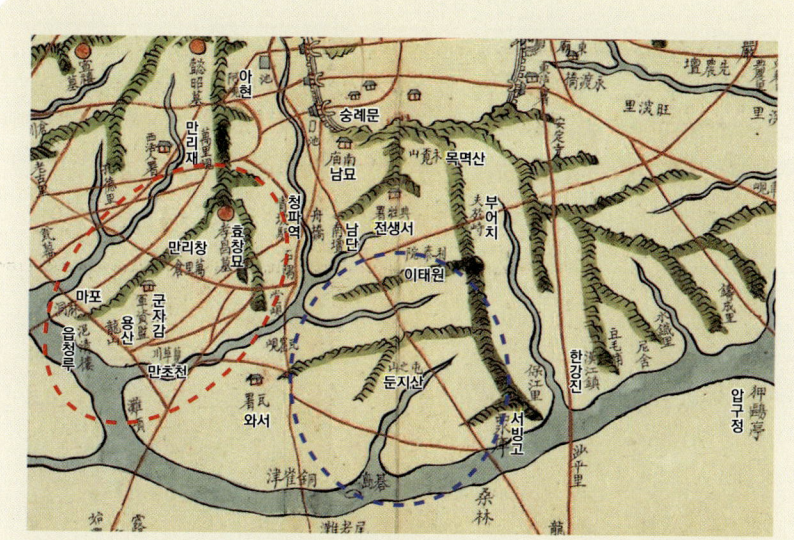

『동여도』〈경조오부도〉에 보이는 둔지산 조선시대에 제작된 지도로 앞서 설명한 용산은 빨간색 점선 표시 일대이며, 지금의 용산기지가 있는 곳은 파란색 점선 표시 일대로 예부터 둔지산이 있었다. 용산과 둔지산의 지리적, 행정적 경계는 만초천 물줄기였다.

출처: 서울역사박물관

부대가 둔(屯)을 치고 있다 해서 혹은 군량을 자급하기 위한 밭인 둔전(屯田)을 일구고 있다고 해서 '둔지산'이라고 칭했다고 한다. 하지만 여러 문헌과 사료들을 꼼꼼히 살펴보면 둔지산에 둔전을 두었다거나 군대가 주둔해 '둔지산'이라고 이름을 지었다는 역사적 근거는 전혀 없다. 김홍도(1745~1806)의 스승인 표암 강세황(1713~1791)도 '230여 년 전 둔전을 둔 땅은 없는데 둔지(屯地)라고 부른다'며 의아해했다. 전국적으로도 수십여 개의 둔지산, 둔지미, 둔산 등의 이름을 가진 산이 있지만 군대가 주둔했다고 해서 붙여진 이름은 단 한 군데도 없다.

그럼 〈경조오부도〉를 한번 자세히 보자. 둔지산은 목멱산(남산)에서 분기해 한강 방향으로 이어진 지세로 한양 도성으로 오가는 주요 길목이었다. 한양 도성에서 나와 둔지산을 경유하면 동작 나루와 서빙고 나루로 향할 수 있었다. 용인으로 넘어가는 영남대로의 첫 출발점이기도 했다. 그렇기에 둔지산 인근에는 지나가는 길손이 머문 이태원이 있었다. 조선 통신사들도 이곳을 경유해 갔다. 또한 둔지산의 완만한 구릉을 중심으로 우리 선조들의 옛 마을과 무덤들이 있었고 둔지산 아래에는 한강에 인접해 드넓은 모래사장이 펼쳐졌다.

조선 후기에는 둔지산 일대를 '둔지방(屯之坊)'이라는 정식 행정구역명

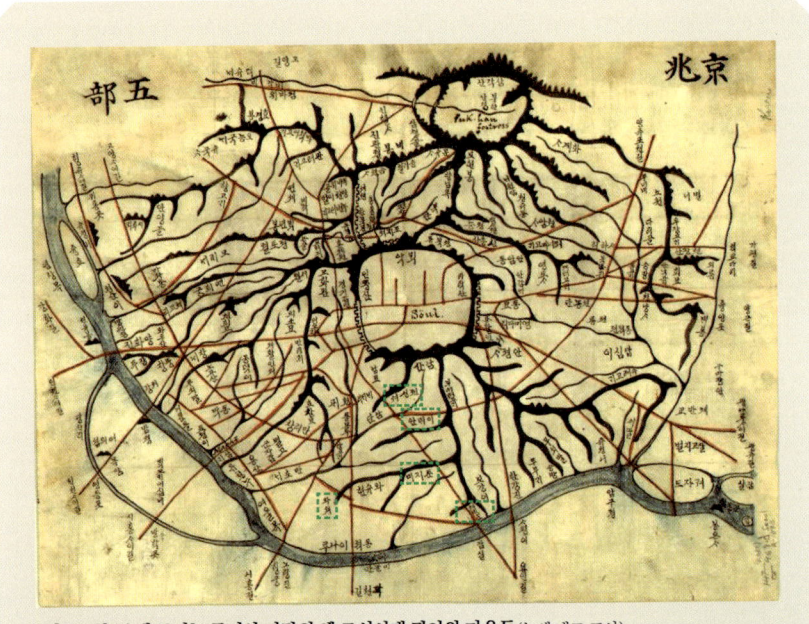

〈경조오부도〉에 보이는 둔지산 자락의 옛 조선시대 관아와 마을들(녹색 네모 표시)
출처: 미국 위스콘신대학교 밀워키도서관

으로도 불렀다. 둔지산이 드넓게 자리 잡고 있었기 때문이다. 앞서 용산이 있어 '용산방'이라고 불렀던 것과 같은 이치다. 여기서 방은 동네방네 할 때의 그 '방'을 말한다. 요컨대 우리 선조들은 오늘날의 용산기지 일대를 '둔지방' 또는 '둔지산(둔지미)'으로 알고 있었지 현재 우리가 알고 있는 '용산'을 전혀 떠올리지 않았다는 사실이다. 조선시대의 용산과 둔지산은 지리적, 행정적으로 엄연히 구분되어 있었다. 〈경조오부도〉를 자세히 보면 인왕산에서 시작한 물줄기가 남쪽으로 내려와 한강으로 이어지는 '만초천' 물줄기가 용산방과 둔지방의 경계가 되고 있음을 알 수 있다.

그렇다면 둔지산 자락에는 구체적으로 어떤 마을들이 있었을까?

조선 영조 때 한양 주민들의 방어 책임 구역을 명시한 문서인 『수성책자(守成冊字)』「도성삼군문분계총록(都城三軍門分界總綠)」을 보면 둔지방(屯之坊)에 속한 행정단위이자 마을들인 '계(契)'들이 여럿 나오는데 다음과 같다.

서빙고1계(西氷庫1契, 현 서빙고 일대), 서빙고2계(西氷庫2契, 현 서빙고 일대),

지어둔계(之於屯契, 현 용산기지 일대), 와서계(瓦署契, 현 용산철도병원 일대),

이태원계(利泰院契, 현 이태원동 일대), 청파계(青坡契, 현 청파동 일대),

전생내계(典牲內契, 현 후암동 일대), 전생외계(典牲外契, 현 후암동 일대).

위의 둔지방에 속한 최말단 행정단위인 '계'는 친목을 도모하기 위한 협동조직의 그 '계'가 아니다. 여기서의 '계'는 조선시대 행정구역의 최하위 단위인데 부역의 동원 단위이자 군사 동원의 단위로 조직된 서울만의 행정체제였다. 좀 더 쉽게 마을이라고 이해하는 편이 좋겠다. 또한 위의 인용문에서 보듯이 계의 명칭에는 관아명이 들어가 있는 경우도 있고 자

「동국여도」 〈경강부임진도〉 중 둔지미   **「동국여도」 〈도성도〉 중 둔지촌**
19세기에 그려진 지도로 노란색 점선으로 표시한 곳이 둔지미와 둔지촌이다.
출처: 서울대학교 규장각 한국학연구원

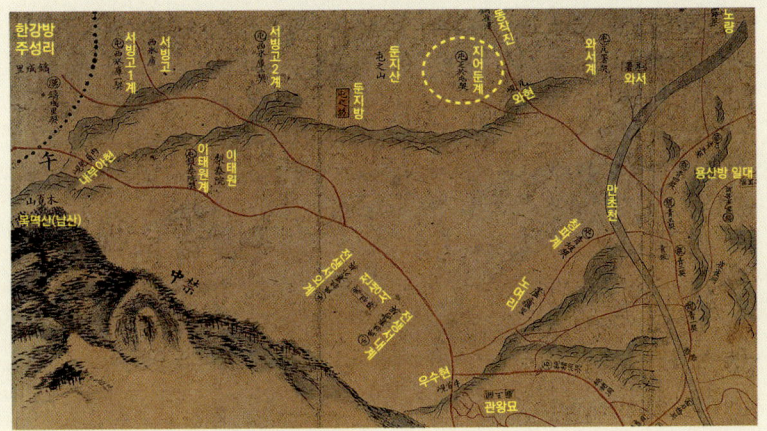

18세기 중반 〈도성대지도〉에 보이는 지어둔계
출처: 서울역사박물관

연 발생적인 촌락에 해당하는 동리(洞里)명이 들어간 경우도 있었다. 이를 테면, 둔지방 내 '전생내·외계'는 가축을 기르던 '전생서'라는 관아를 중심으로 형성된 마을이고, '서빙고계'는 얼음을 보관하던 관아인 '서빙고'를 중심으로 이루어진 마을이었다. '와서계'는 기와를 굽던 관아인 '와서

(瓦署)'가 있던 마을이며 '이태원계'와 '청파계'는 '이태원'과 '청파역'을 중심으로 형성된 마을이다. 그런데 여기서 우리가 주목해야 할 마을이 있는데 바로 '지어둔계(之於屯契)'다. '지어둔계'라는 명칭에서도 드러나듯이 이 마을은 별도의 관아를 중심으로 형성된 것이 아니라 '둔지산'에 자리 잡은 마을이다. 18세기 중반 〈도성대지도〉를 보면 둔지산 바로 옆에 지어둔계를 확인할 수 있다. 둔지방-둔지산-지어둔계가 사이좋게 나란히 있다.

지어둔계는 갑오개혁 때 '둔지미'로 공식 명칭이 바뀌며 이후 '둔지미' 또는 '둔지리'라고 불렸다. 둔지미는 각종 고지도에는 '둔지촌' 또는 '둔지미(屯之美)', '둔지산' 등으로 표기되고 있다. 그러니까 이 지어둔계(둔지미)가 바로 오늘날 서울 용산기지에 자리 잡았던 옛 마을이다. 앞으로 차츰 살펴보겠지만 이 '둔지미'는 훗날 일제의 군사기지 설치로 인해 흔적도 없이 역사 속으로 사라지고 만다.

3
천흥철의 준호구를 통해 본 둔지미 주민들의 삶

둔지산 자락에 있던 지어둔계(둔지미)에는 누가 살았을까? 다음은 천흥철이라는 사람의 준호구다. 준호구란 쉽게 말해 조선시대 호적으로 오늘날로 치면 '호적등본' 또는 '주민등록등본'에 해당한다.

천흥철의 준호구는 조선 순조 때인 1822년, 천흥철의 나이 37세 때 오늘날 서울시에 해당하는 한성부에서 발급한 것이다. 천흥철의 준호구 내용을 한글로 옮기면 아래와 같다.

1. 발급연월일: 도광(1822년) 월 일
2. 발급기관: 한성부
3. 의거장적: 임오 성적 호구장
4. 주소: 남부 둔지방 지어동계 제30통 제1호
5. 직역(직업): 훈국군(훈련도감 군인)
6. 성명: 천흥철
7. 나이: 37세(병오생)

8. 본관: 진천

9. 호주의 4조
   - 부: 절충장군 행용양위부호군(折衝將軍 行龍驤衛 副護軍) 천위청(千渭淸)
   - 조부: 절충장군 행용양위부호군(정 3품) 천덕사(千德思)
   - 증조부: 가선대부 동지중추부사(嘉善大夫 同知中樞府事) 천덕사(千沼明)
   - 외조부: 학생 박진홍(본관 밀양)

10. 호주의 처: 이씨, 31세, 임자생, 본관 경주

11. 호주처의 4조
    - 부: 학생 매화
    - 조부: 학생 근식
    - 증조부: 학생 원정
    - 외조부: 학생 오송민(본관 해주)

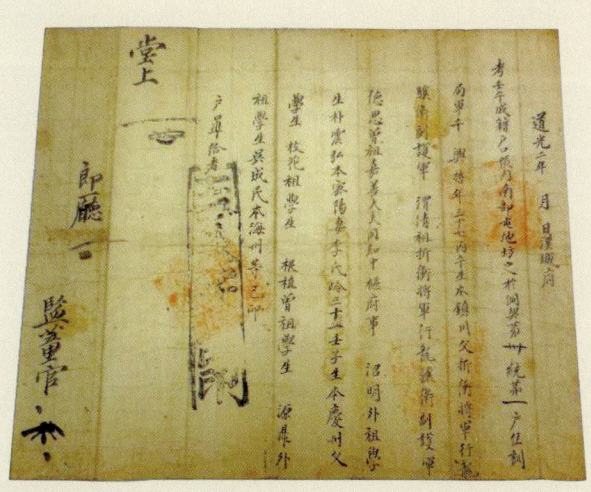

1822년 둔지방 지어둔계에 살았던 **천홍철의 준호구**: 조선시대 호적등본으로 1822년 둔지방 지어둔계 주민 천홍철의 것이다 (조선시대 호적등본).

출처: 서울역사박물관

먼저 천홍철이 산 곳의 주소를 보자. 천홍철은 한성부 남부 둔지방 '지어동계' 제30통 제1호에 살았다. '지어동계(之於洞契)'는 앞서 설명한 지어둔계(之於屯契)와 같은 뜻으로 둔지산 자락의 마을을 뜻한다. 그런데 여기서 천홍철이 살던 지어둔계에 대해 한 가지 흥미로운 점을 발견할 수 있다. 조선시대에는 기본적으로 다섯 집(戶)을 한 통(統)으로 두는 오가작통법을 실시했는데 천홍철은 제30통 1호로 등록되어 있다. 즉 1822년 당시 지어둔계에 최소 150가구는 살고 있었다는 것이다. 물론 이것만으로 마을 전체의 규모를 정확히 알 수는 없지만 평지가 아닌 둔지산 구릉지였던 것을 고려했을 때 아주 큰 마을은 아니었을 것이다. 다음으로 직업을 보면 천홍철은 훈련도감 소속의 직업군인이었다. 훈련도감 군인들은 당시 한양 도성 방어를 담당하였고 천홍철이 살던 19세기 초 훈련도감 군인들의 숫자는 약 7,600명에 달했다. 천홍철 역시 부친과 할아버지가 무신이었던 무관가계였다. 실제 역사적으로도 지어둔계(둔지미)와 인근 이태원 일대에서는 빈민들과 하급 군인들이 많이 모여 살았다. 특히 임오군란(1882) 당시에는 청나라 군대가 왕십리, 이태원 군인 마을 일대를 엄습해 훈련도감 병졸 정완인 등 11명을 참수했다는 기록도 나온다. 천홍철을 비롯한 훈련도감 군인들은 도성 내 자리를 잡지 못하고 한강변과 둔지산 인근에 정착한 경우가 많았고, 미천한 신분 출신들이 많아 훈련도감 군인들의 신분 상승 욕구는 매우 강했다. 물론 지어둔계(둔지미)에 하급 군인들만 있었던 것은 당연히 아니다. 『승정원일기』 등 관련 문헌들을 보면 양인(良人)들도 거주하고 있었고 기와집을 지을 정도의 재력가들도 있었다. 하지만 둔지산 일대는 대체로 가난한 백성들이 많았고 한강에 도착한 선박의 짐을 하역하거나 운송하는 일을 맡은 사람들이 많았다. 이들 중에는 한강의 얼음을 채취해 품을 팔아 생계를 꾸리는 사람도 많았다. 사실상 부역의 성격을 지녔던 장빙역(얼음을 채취하고 나르는 일)은 둔지미 주민들에겐 상당한 고역이었다. 추운 겨울 얼음을 채취해 서빙고로 나르는 일은 여간 고된 일이 아니었을 테니 말이다. 〈표 1〉은 각종 문헌을 통해 둔지방 지어둔계(둔지미)에 실제 거주했던 사람들의 명단이다. 혹시 여러분들의 조상 이름도 있을 수 있으니 한번 유심히 보기 바란다.

〈표 1〉 조선 후기 '지어둔계(둔지미)'에 실제 거주했던 사람들

번호	기록 연도	이름	신분(직업)	출처
1	1727	김이광	훈련도감 포수	1727년 준호구
2	1729	김극제	중인, 충순위	1729년 준호구
3	1729	김근선	겸사복	1729년 준호구
4	1729	김응창	전력부위 겸사복	1729년 준호구
5	1750	김운기	포수, 겸사복	1750년 준호구
6	1822	천홍철	훈련도감 군인	1822년 준호구
7	1834	김계득	전력부위 겸사복	1834년 준호구
8	1877	고일성	양인	『승정원일기』
9	1877	양홍성	양인	『승정원일기』
10	1882	김현자	선략장군(종4품)	1882년 준호구
11	1885	이완석	양인	『승정원일기』
12	1885	양정득	양인	『승정원일기』
13	1885	김희관	양인	『승정원일기』
14	1885	박순길	양인	『승정원일기』
15	1885	김수복	양인	『승정원일기』
16	1885	정자선	양인	『승정원일기』
17	1885	김기석	양인	『승정원일기』
18	1885	성자근석	양인	『승정원일기』
19	1885	김의석	양인	『승정원일기』
20	1891	김재성	절형장군(정3품)	1891년 준호구
21	1894	김진영	한량	1894년 준호구

*이 명단은 현재까지 확인된 준호구 및 관련 각종 문헌들에서 발췌하여 작성하였다.

4
김홍도의 스승 강세황이 둔지산에 정자를 두었다고?

　조선의 천재 화가 단원 김홍도를 모르는 사람은 거의 없을 것이다. 하지만 김홍도의 스승인 표암 강세황이 둔지산에 정자를 짓고 살았다는 얘기는 잘 모른다. 강세황은 시·서·화 삼절(세 가지 예술의 달인)로 유명했던 문인 화가이다. 표암은 한양 남소문동(지금의 장충동)에서 태어나 젊은 시절 주로 학문과 작품 활동에 전념하며 초야에서 지냈다. 그러다 말년에 영조의 배려로 늦게 벼슬길에 나서 현 서울시장 격인 한성판윤까지 올랐다. 72세 되던 해인 1784년(정조8), 강세황은 현 용산기지가 자리한 둔지산에 정자를 지었다. 이름하여 '두운지정(逗雲池亭)', 풀이하자면 구름이 머무는 못(池)을 둔 정자라는 뜻이다. 줄여서 '두운정'이라고도 했다. 강세황은 둔지산의 앞 글자 둔지를 두운지로 음과 뜻을 감각적으로 바꾸어 정자 이름을 붙였다. 둔지산 일대의 풍경이 그만큼 수려했다는 뜻이 아닐까? 땅 이름을 삶의 터전으로 운치 있게 끌어들인 그의 재치가 돋보이는데 가히 김홍도의 스승이라 할 만하다. 훗날의 일이지만 일제가 러일전쟁에서 승리한 후 둔지산 일대를 강제 수용해 용산기지를 만들며 작성한 지도(〈한국 용산 군용 수용지 명세도〉, 1906)에도 '정자동(亭子洞)'이라는 지명이 나온다. 정자동이라는 마을 이름도 강세황의 정자와 관련이 있지 않나 싶다. 분명한 사실은 둔지산 일대의 경치가 빼어났다는 것이다. 강세황은 그의 문집 『표암유고(豹菴遺稿)』에 '두운지정'에 대한 글을 잘 남겨 놓았다. 전문을 소개하니 한번 감상해 보도록 하자.

강세황, 『표암유고』 중 두운지정의 기문(逗雲池亭記)

도성의 남대문을 나서 꺾어져 조금 동쪽으로 10리 못 미친 곳에 둔지산이 있다. 봉우리와 바위, 골짜기가 있는 것은 아니지만 산이라는 명칭이 있고 둔전(屯田)을 둔 땅은 없지만 둔전의 땅이라는 이름이 있다. 이는 정말 따져 힐난할 것은 되지 못한다. 들길이 구불구불하고 보리밭 두둑이 높았다 낮아지는데, 마을 수백 가가 있다. 두운지정은 그 서북쪽에 걸터앉아 있다. 기와 수십 칸인데 대략 앉거나 누울 정도는 된다. 작은 누각 한 칸이 크고 작은 두 개의 못을 내려다보고 있다. 연꽃을 심고 물고기를 키운다. 수양버들을 빙 둘러 심었다. 앞으로 관악산과 동작나루를 마주하고 있다. 첩첩의 봉우리가 병풍을 친 듯하고 흰 모래가 비단을 펼쳐놓은 듯하다. 뜰에는 여러 가지 꽃을 심고 동산에는 밤 숲을 두었다. 가끔 너무 고운 들꽃은 뽑아내고 비린 물고기는 건져서 버리노라면, 정말 긴긴 날 소일거리가 되고 남은 생애를 보낼 만하다. 내 나이 이미 일흔이 넘고 여든을 바라본다. 온갖 근심에 마음이 어두워지면 이곳에 돌아와 눕는다. 또한 내 처소를 얻었다고 할 만하다. …

출처: 이종묵, 「땅과 집의 이름을 우아하게 하는 일」, 『관악어문연구』 43, 2018, 79~80쪽.

이 글을 보면 230여 년 전 둔지산의 풍경과 그의 정자가 한 폭의 그림처럼 다가온다. 둔지산에는 비록 남산처럼 봉우리와 바위, 골짜기는 없지만 정겨운 들길과 보리밭 언덕이 펼쳐진다. 마을 서북쪽에 기와 누각이 딸린 그의 정자가 있었다. 정자 앞 연못에는 향기로운 연꽃 사이로 물고기가 한가로이 노닐고 연못 주위에는 아름다운 수양버들이 흩으러져 있다. 심지어 구름도 무심코 지나쳐 갈 수 없었던 모양이다. 오죽하면 구름이 머무는 연못 정자(두운지정)라고 이름 지었을까. 정자에서 한강을 바라보는 풍경 또한 절경이었다. 동작 너머 관악산과 청계산의 봉우리가 마치 병풍처럼 둘러싸고 있고 한강 모래는 한 폭의 비단과도 같았다.

강세황은 1784년 자신이 거처하던 이 멋진 정자를 〈두운정전도(逗雲亭全圖)〉라는 그림으로도 남겼다. 이 그림은 현재 전하지 않지만 그때 정자에서 본 다양한 풍경을 그림 부채에 멋진 시와 함께 남겼다. 모두 16점에

표암 강세황의 〈남산여삼각산도〉 18세기 후반, 개인소장. 이 그림은 230여 년 전 강세황이 둔지산 정자에서 남산과 삼각산(북한산)을 바라본 전경을 담았다.

이르는데 그중 다행히 그의 거처에서 남산(목멱산)과 삼각산(북한산)을 보고 그린 〈남산여삼각산도(南山與三角山圖)〉가 오늘날에도 전해지고 있다.

 이 시기 강세황에게는 남대문 밖 둔지산 자신의 정자에서 남산과 삼각산(북한산)이 시원스레 보였던 것이다. 그런데 부채의 그림을 한번 자세히 보기 바란다. 그림에는 파란 기와집과 정겨운 초가집들이 옹기종기 모여 있고 마을 한가운데 오래된 고목 한 그루가 우두커니 서 있다. 지금도 용산기지 내 둔지미 마을 옛터에는 수백 년 된 아름드리 느티나무가 그대로 남아 오랜 세월을 말해 주고 있다. 강세황이 상상도 못했을 역사의 거친 풍파를 헤쳐 오면서 말이다. 한 세기 뒤 나라를 빼앗기고 수백 년간 불렀던 지명인 둔지산이 엉뚱한 '용산'으로 둔갑하며, 정다운 옛 마

오늘날 둔지산 아래 국립중앙박물관에서 용산미군기지를 바라본 전경 강세황이 230여 년 전에 본 풍경과 크게 다르지 않다.

을들이 일제의 군사기지로 바뀔 줄이야 그 누가 알았을까? 강세황의 그림은 그래서 더더욱 특별해 보인다. 혹여나 다음에 용산공원을 방문할 때 강세황의 정자터(두운지정)와 부채 그림 속 느티나무를 다 함께 찾아보면 어떨까.

5
왕들이 기우제를 지냈던
제단-둔지산 남단

남산(목멱산)을 배경으로 한강을 끼고 있는 둔지산 자락(현 용산기지 일대)은 교통의 요지인 이태원을 비롯해 국가 제사용 가축을 길렀던 전생서와 얼음을 저장하던 서빙고가 있는 등 예부터 그 중요성이 남달랐던 곳이다. 게다가 둔지산은 조선시대 한양 도성 밖 남쪽 교외에 있는 유일한 산으로 왕이 하늘에 제사를 지내는 신성한 종교적 공간으로 인식되었다. 그러한 연유로 둔지산에는 역대 왕들이 제천 행사와 기우제를 거행했던 남단(南壇, 일명 풍운뇌우단)이 있었다.

노인성단(老人星壇) · 원단(圓壇) · 영성단(靈星壇) · 풍운뇌우단(風雲雷雨壇) 모두 숭례문 밖 둔지산(屯地山)에 있다.
— 『세종실록』(1454) 148권, 「지리지」 경도 한성부

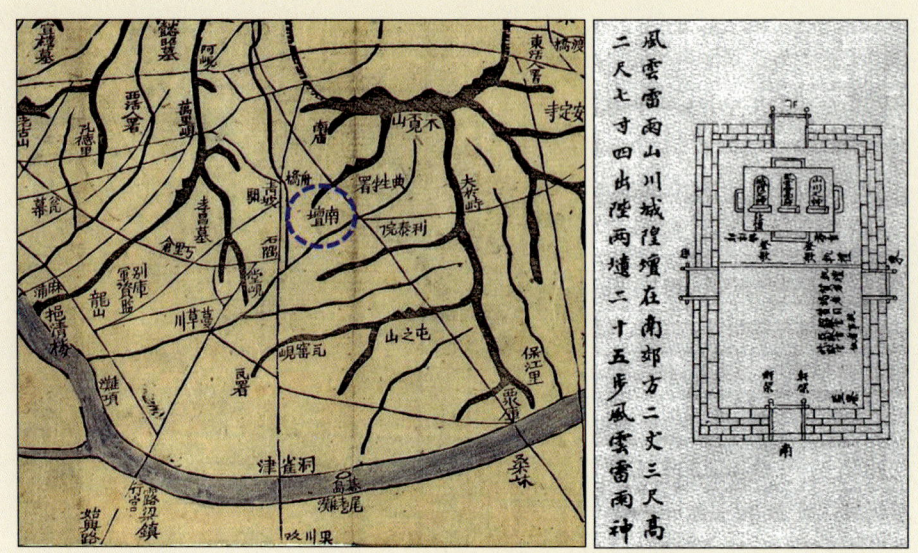

1861년 목판본 〈대동여지도〉의 남단(파란색 표시)
출처 : 서울역사박물관

『춘관통고(春官通考)』(1788)의 제단 모습
출처 : 규장각 한국학연구원

『세종실록』 「지리지」에는 둔지산에 풍운뇌우단 등 국가제단이 있다고 분명하게 기록하고 있다. 그리고 둔지산 인근에는 제단에 필요한 희생(犧牲: 양과 돼지 등 가축을 말함)을 제공하는 관아인 전생서(현 후암동 영락보린원 일대)가 있어 각종 제례 의식에 큰 도움이 되었다.

남단은 사실상 지금 우리들의 기억 속에서 잊혔지만 대한제국 말기까지 종묘, 사직 다음으로 국가 의례를 빈번히 거행했던 중요한 장소였다. 그러면 남단의 기원과 유래를 구체적으로 살펴보자.

남단은 원래 삼국시대부터 내려온 제천 행사와 관련된 장소로 그 유래가 매우 깊다. 우리나라는 단군 때부터 제천 의식을 시작했다. 우리가 교과서에서 배운 고구려의 동맹, 부여의 영고 등이 제천례의 다른 이름들이다. 이처럼 왕이 신성한 장소에 제단을 쌓고 국태민안(國泰民安)을 기원한 제천의례는 오래전부터 있었다. 『고려사』에 따르면 제천 의례는 고려 성종 때부터 국가적으로 제도화되었다. 그러나 조선으로 넘어오면서 하늘에 제사를 지내는 것은 천자의 제천례이므로 제후국인 조선이 거행하는 것은 문제가 있다며 논란이 발생했다. 그러다가 세종 말기에 들어서 명과 사대교린의 관계가 정착되면서 작은 나라가 큰 나라를 섬긴다는 사대(事大) 의례에 따라 제천례는 폐지되기에 이른다.

그렇다면 남단은 어디에 있었을까?

남단(풍운뇌우단)의 위치에 대해서 『세종실록』「지리지」에는 둔지산에 있다고 나오고, 『동국여지비고』와 『용재총화』에서는 청파역동 소나무 숲 사이에 있다고 나온다. 이로 보아 당시 우리 선조들은 둔지산의 범위를 청파 일대까지 넓게 잡았던 것으로 보인다.

여기서 종묘, 사직 다음으로 중요했던 남단이 왜 도성 내에 있지 않고 도성 밖에 있었을까라는 의문을 가질 수 있다. 간단히 말하면 남단의 제천례(하늘 제사)는 유교식 제천 의례로 중국의 영향을 받아 남교(南郊), 즉 남쪽 교외(남쪽 바깥 10리까지의 영역)에서 거행했다. 따라서 남단이 숭례문 밖에 있는 것이다. 현재도 중국 베이징의 남쪽 교외에는 명, 청의 황제가 천제를 지내던 천단(天壇)이 있다. 일찍이 조선의 태조는 교서에서 종묘는 나라의 근본이라 했다. 종묘와 더불어 원구단(圜丘壇)과 사직단(社稷壇) 또한 왕국의 근본이었다. 궁궐 동쪽에 왕실의 종묘, 서쪽에 국토의 사직단, 남쪽에 천제의 원구단을 배치하여 군주와 백성, 하늘이 조화를 이룬다고 생각했다. 이들 묘와 단은 국가 통치의 권위와 백성의 풍요를 희망하는 이념의 장치였다. 그럼 여기서 『조선왕조실록』에 있는 남단의 기록을 살펴보자.

가물고 서리가 내린 것으로 인해 이행원 등의 죄를 용서해 주고, 추숭하는 일은 주청하지 말도록 하다. "아, 임금이 덕을 닦지 못하여 천재지변이 일어나게 해 놓고는 다시 재앙이 사라지길 빌어 하늘의 은택을 바라고 있으니 어설픈 일이다. 그러나 사정이 절박하여 남단(南壇)에 친히 빌고자 하니, 모든 제관(祭官)과 집사들은 각각 정성을 다하여 위로 천심을 감격시키라. 또 빈곤한 자를 구제하고 원통한 일을 풀어 주고 현능한 자를 등용토록 할 것이며, 아울러 백성들에게 편리한 모든 일을 계획하여 아뢰어 근심스럽고 답답한 백성들의 마음을 풀어 주라."

- 『인조실록』 24권, 1631년(인조9) 5월 14일

병자호란이 발생하기 5년 전인 1631년에 인조가 천재지변이 일어난 원인이 본인 탓이라며 절박한 심정으로 남단에서 친히 빌었다는 기록을 확인할 수 있다. 인조 이후로도 경종과 영조 또한 친히 남단에 기우제를 거행했다.

이 외에도 실록 기록에는 남단에서 역대 왕과 신하들이 기우제를 지냈다는 기록이 자주 등장한다. 특히 정조 대에는 남단에 대한 관심이 각별했다. 개혁 군주 정조는 정치적 입지를 다지기 위해 남단을 중요하게 생각했는데 남단을 하늘에 제사를 지내던 원구단으로 보았다. 1786년(정조10) 정조는 남단(풍우뇌우단)의 제례 음식과 의식이 제대로 갖춰지지 않았다고 관리를 처벌하기도 했다. 이후 정조는 남단 주위에 정계석(定界石)을 세우고 나무를 심는 등 제도를 전반적으로 정비했다. 이처럼 정조를 비롯

한 역대 조선의 왕들은 남단을 방문해 국가의 안녕과 무사를 빌었다.

고종 때는 열강의 각축 속에 대한제국을 세우면서 둔지산의 남단 대신에 중국 사신의 숙소였던 남별궁(南別宮, 현 웨스틴 조선호텔 부지)에 원구단을 새로이 건설한다. 고종이 남별궁 자리에 이전의 건물을 헐고 원구단을 세운 것은 대한제국을 선언하면서 중국으로부터의 독립성을 상징하는 특별한 의미를 지닌 것이었다. 그러나 이후 일본은 헤이그 특사 파견을 빌미로 고종황제를 강제로 퇴위시키고 대한제국의 상징인 원구단을 헐어 버린 뒤 그 자리에 '조선철도호텔'을 지었다. 과거의 조선과 청나라와의 관계를 일본이 대신해 종주국이 되겠다는 것이다. 원구단의 기능이 도성 밖에서 도성 안(남별궁)으로 옮겨지면서 남단은 산천단(山川壇)으로 바뀌었다. 이후 일제가 러일전쟁을 일으키고 한국의 식민지화를 목적으로 둔지방(둔지산 일대)을 군용지로 수용해 용산기지를 건설하면서 남단은 역사 속으로 완전히 자취를 감추었다.

이러한 역사성을 지녔던 남단이 세상에 다시 알려지게 된 계기는 지난 2005년 7월 14일 『중앙일보』 기사를 통해서였다. 기사 제목은 "조선 때 왕이 기우제 지낸 제단터 용산미군기지 안에 있다"였다. 이 기사에서는 용산미군기지 내에서 발견한 제단터인 남단에 향후 주한미국대사관이 신축될 예정이어서 논란이 예상된다는 전망도 함께 내놓았다. 기사에 따르면 "한영우 교수는 평소 친분이 있던 일본인 학자의 논문을 읽고 남단의 위치를 세밀히 고증했다"라고 한다. 이어 한 교수는 "1937년 작성된 경성부사와 18세기 제작된 〈광여도〉 등 옛 지도를 통해 남단의 위치는 현재의 캠프 코이너 내부가 된다"라고 밝혔다. 이후 2008년 12월 주한미국대사관 측에서는 용산미군기지 캠프 코이너 내 주한미국대사관의 신축을 계획하면서 해당 부지에 대한 지표조사를 중앙문화재연구원에 의뢰했다. 지표조사 결과 중앙문화재연구원은 "부지 내 소구릉의 서남편에 건축 부재로 추정되는 치석된 석재가 확인되었고, 조선시대 나라의 안녕을 기원하기 위해 국가에서 제사를 지내던 시설로 추정된다"라고 결론을 냈다. 그런데 남단이 세상에 알려지기 전에는 주한미군의 '바베큐장'으로 사용되던 웃지 못할 일도 있었다. 하기야 우리도 남단이 뭔지 제대로 몰랐는데 미군들이 구릉지 주위에 널브러져 있는 돌무지의 가치와 의미를 알았을 리 만무했을 것이다.

최근에는 그간 남단으로 알려진 아래 사진 속 남단 석물들이 일제강점기 일본군 군마충혼비(愛馬之碑)로 밝혀져 남단이 이곳이 아닌 다른 장소에 설치됐을 수도 있다는 새로운 의견이 제기되었다. 물론 조선시대 남단이 있던 장소에 일본군이 군마충혼비를 세웠을 수도 있고, 사진에서 보이는 석물 외에 주위에 다양한 유구들이 널려 있기에 향후 문화재 정밀 발굴조사가 필요해 보인다.

2011년경 남단 석물 유구 모습　　　　　바베큐장으로 사용되고 있는 석물

남단이 맞든 아니든 용산기지 내 조선시대 유적의 존재 가능성을 통해 군사기지가 들어서기 이전 이 땅의 역사에 대해 다시 되짚어 볼 수 있는 계기가 된 것만으로도 큰 의미가 있지 않을까 생각한다.

6
고종의 아버지 흥선대원군 이하응이 납치된 곳은 어디일까?

1882년 임오군란(훈련도감 군인들의 군인 급료 분쟁에서 발단해 고종 친정 이후 실각했던 흥선대원군이 다시 집권하게 된 정변) 당시 고종의 아버지 흥선대원군 이하응이 청군에 의해 납치된 곳은 어디일까? 역사에 조금이라도 관심이 있는 이들은 아마도 '용산'이라고 알고 있을 것이다. 하지만 흥선대원군이 피랍된 장소는 용산이 아니라 둔지산 자락의 둔지미다. 앞서 설명했지만 러일전쟁 이전까지만 해도 용산과 둔지미는 엄연히 다른 공간이었다. 당시 발간된 그 어떤 역사서에도 흥선대원군이 납치된 장소가 '용산'이라고 나오지 않는다. 아래 『고종실록』 기사는 이를 잘 말해 주고 있다.

대원군이 천진(天津)으로 행차하였다.
오늘 오후에 대원군이 정여창(丁汝昌), 마건충(馬建忠) 두 사람이 머물고 있는 둔지미(屯地尾)의 청(淸)나라 군영(軍營)에 가서 답례 방문을 하고 사의를 표한 다음 병선(兵船)을 타고 중국으로 떠났다. 황제의 명을 받고 조선의 사변을 처리하는 마건충, 오장경(吳長慶), 정여창, 위윤선(魏綸先)의 효유문(曉諭文)의 대략에, '조선은 중국의 속국으로서 본래부터 예의를 지켜 왔다. … 남의 혈육지간의 일에 대하여 은정을 온전하게 하고 의리를 밝히는 것은 우리 대황제께서 참작해서 알맞게 잘 처리하실 것이

흥선대원군 중국 톈진(天津)에서 연금되어 있던 때이다.
출처: 서울역사편찬원, 『시민을 위한 서울역사 2000년』, 2009

요, 너희 대원군에게는 반드시 대단한 추궁을 하지는 않으실 것이다. 그런데 행차가 갑자기 있었으므로 혹시 너희들 상하 신민(上下臣民)들이 이 뜻을 알지 못하고 함부로 의심과 두려움에 사로잡혀 원(元)나라에서 고려의 충선왕(忠宣王)과 충혜왕(忠惠王)을 잡아간 전례와 같은 것으로 생각한다면 황제의 높고 깊은 뜻을 저버리는 것이다. 이밖에 지난번 난을 일으킨 무리들이 혹시 다시 음모를 꾸민다면, 지금 대군이 바다와 육로로 일제히 진출한 것이 벌써 20개 영(營)이나 되니 너희들은 화와 복을 깊이 생각하고 일찌감치 해산할 것이며, 그릇된 악감을 고집하여 스스로 죽음을 재촉하지 말라. 아! 대국과 너희 조선은 임금과 신하의 관계이므로 정의(情誼)가 한 집안과 같다. …'라고 하였다.

　　-『고종실록』19권, 1882년(고종19) 7월 13일 정유 2번째 기사 (밑줄은 필자)

중국의 부흠차 위윤선과 중서 원세개가 둔지미에서 떠나다
영접관(迎接官)이, '중국의 부흠차(副欽差) 위윤선(魏綸先), 중서(中書) 원세개(袁世凱)가 하인들을 거느리고 둔지미(屯地尾)에서 떠났습니다'라고 아뢰었다 하였다.
  -『고종실록』19권, 1882년(고종19) 7월 15일 기해 3번째 기사 (밑줄은 필자)

박정양이 청나라 제독 오장경이 남단진에 나갔음을 보고하다
영접관(迎接官) 박정양(朴定陽)이, '오늘 미시(未時)에 청(清)나라 제독 오장경(嗚長慶)이 차관(差官) 8인, 순포(巡捕) 2인, 병대(兵隊) 60인을 거느리고 남단진(南壇陳, 둔지산 남단의 청군 주둔지-필자)에 나갔습니다'라고 아뢰었다.
  -『고종실록』21권, 1884년(고종21) 1월 26일 임인 3번째 기사 (밑줄은 필자)

둔지방 둔지미에 청나라 군대가 주둔하기 시작한 것은 1882년 임오군란 때였다. 당시 군란으로 쫓겨난 민씨척족정권이 권력을 되찾기 위해 청나라 군대를 불러들였기 때문이다. 1876년 강화도조약 이후 조선에서 일본의 세력이 점점 커지는 것을 불안하게 바라보던 청은 이 기회를 이용해 주도권을 잡으려 했다. 군란 진압을 명분으로 청은 총지휘관인 제독 오장경과 외교관 마건충을 필두로 3천여 명의 군사를 출동시켜 서울의 여러 장소에 병력을 분산 배치하였다. 총사령부는 동대문 밖 동묘에, 오장경 부대는 하도감(별기군 훈련장소, 현 동대문역사문화공원 부근)에, 그 외 오조유 부대, 장광전 부대, 황사림 부대 등은 한성 요충지에 분산 주둔했다. 앞 실록 기사에서 보듯 둔지미(둔지산)도 그 가운데 한 곳이었는데, 황사림 부대가 남대문 밖 둔지산 남단진(南壇陳), 곧 남단 인근에 진을 쳤다. 오늘날

임오군란 당시 흥선대원군이 납치됐던 용산기지 내 캠프 코이너 일대의 오늘날 전경

용산미군기지 북쪽 캠프 코이너 일대에 해당한다. 실제 이곳은 한양 도성으로 진입하기 위한 관문이며 남산 산록과는 달리 비교적 평지라서 군대가 진을 설치하기에 적합한 장소였다.

한편, 이즈음 임오군란으로 일본공사관이 불타면서 일본으로 피신했던 주한 일본공사 하나부사 요시모토(花房義質) 일행도 일본군의 호위를 받으며 다시 한성으로 돌아왔다. 이때 일본군 보병대대를 이끈 사람은 데라우치 마사타케(寺內正毅)였다. 데라우치는 훗날 일본 군부의 최고 위치인 육군대신과 나아가 제3대 한국통감 및 초대 조선총독까지 오른다. 즉 이 시기는 청나라와 일본 군대가 조선의 수도에 주둔하는 등 조선을 둘러싼 청일 간의 각축전이 전개되던 때였다. 청은 군대를 파견하면서 임오군란을 사주한 인물로 흥선대원군을 지목하고 납치할 계획을 세웠다. 물론 대원군은 이를 전혀 몰랐다. 오히려 청나라가 조선과 일본의 갈

등을 중재해 줄 것이라 착각했다. 청나라 군대는 운현궁에 있던 대원군을 방문한 청 제독 오장경에 대한 답방이란 명목으로, 대원군을 둔지산 남단 근처 황사림 부대로 유인하였다. 청 군막에서 필담을 주고받던 대원군에게 청의 외교관 마건충은 "청 황제가 인정한 조선 국왕(고종)을 쫓아내 정권을 잡으려고 하였고, 임오군란으로 대권을 함부로 장악해 정적을 주살하면서 자기 측근을 등용했으니 이것은 결국 황제가 책봉한 국왕을 쫓아낸 것과 같다"라며 협박을 했다. 그 직후 대원군을 현장에서 곧바로 납치했다. 아래 인용문은 당시 대원군 납치를 모의했던 청 외교관 마건충이 남긴 『동행삼록(東行三錄)』 중 일부로, 그때의 상황을 아주 생생하게 말해 주고 있다.

때마침 4시에 비가 그치고 (홍선대원군) 이하응이 수십 기병을 거느리고 와서 장막 안으로 들어왔다. 그를 유인하여 함께 필담을 나누었는데, 신시부터 유시까지 24장의 종이를 사용했다. 시중드는 사람을 둘러보니 조선인은 한 명도 없어, 이미 모두 부하들에게 붙잡혔음을 알고, 그때 결행할 수 있다고 생각했다. 마침내 빠르게 글을 써서 보이며, 그대는 조선 국왕이 황제의 책봉을 받았음을 아는가라고 하니, 안다고 했다. 그래서 이렇게 말했다. 왕이 황제의 책봉을 받았으면, 일체의 정책과 법령이 응당 왕에게서 나와야 하는데, 그대는 6월 9일의 변란에서 제멋대로 대권을 훔쳐, 자기와 생각이 다른 사람은 주살하고 자기와 사사로운 관계에 있는 사람은 끌어다 썼으며, 황제의 책봉을 받은 왕은 물러나 왕부를 지키게 했다. … 이하응은 두려워하며 사방을 돌아보았다. … 하응을 부축해서 가마에 오르게 했다. 그때 군사들이 두 줄로 늘어서고 칼과 창이 삼엄하게 벌여 있었다. 장부들이 가마를 들고 기다렸는데, 하응은 자기 가마가 아니라고 들어가려 하지 않았다. 내가 들어가게 해서 나아가게 했는데, 건장한 병졸 1백 명이 벌 떼처럼 에워싸고 갔다.

일국 주권국가 왕의 아버지인 흥선대원군은 청나라 군대의 삼엄한 감시 아래 힘없이 청나라 톈진(天津)으로 끌려갔다. 이렇게 임오군란은 외군 군대를 불러들여 결국 대원군이 둔지미 남단진(청나라 군대 주둔지)을 방문했다가 납치당함으로써 막을 내렸다. 대원군은 이후 3년간의 억류 생활을 마치고 우여곡절 끝에 다시 돌아온다. 임오군란을 계기로 조선을 둘러싼 청일 양국의 각축은 심해지고 조선에 대한 청의 내정 간섭 또한 강화된다. 일본은 임오군란에 대한 후속조치로 조선과 제물포조약을 체결해 일본공사관 호위를 구실로 한성에 일본군을 공식적으로 주둔시켰다.

요컨대 임오군란을 계기로 둔지미 일대가 한때 조선·일본·청나라의 각축장이자 세력 경쟁의 장이 되었던 것이다. 한때 청나라 군대가 주둔해 대원군을 납치했던 이곳은 조만간 푸른 녹지의 용산공원이 들어설 예정이다. 아름답고 푸른 잔디가 깔린 공원도 좋지만 나라가 국력이 약해 스스로 지킬 능력이 없을 때 역사가 보여 주는 뼈아픈 교훈도 한번쯤 되돌아보는 것은 어떨까 한다.

7
둔지미 마을은 어떻게 군사기지로 바뀌었을까?

둔지미 마을이 일본군 군사기지로 바뀌게 된 결정적 배경은 러일전쟁 (1904~1905)이었다. 러일전쟁은 만주와 한반도의 배타적인 지배권을 두고 러시아와 일본이 벌인 전쟁이었다. 러일전쟁의 발발과 함께 오늘날의 용산역 일대가 철도기지로 바뀌고 용산역의 동쪽 일대(둔지산 일대, 현 용산기지)가 대규모로 군사기지화 하기 시작했다. 이즈음부터 우리 고유의 '둔지방' 또는 '둔지산' 이라는 명칭을 비롯해 둔지미 마을은 역사 속으로 사라지기 시작했고, 대신 일제가 한국의 강점과 무단 식민 지배를 목적으로 일본군 용산기지를 만들었던 것이다. 그럼 지금부터 둔지미 마을이 군사기지로 바뀌게 된 과정을 좀 더 구체적으로 살펴보자.

1904년 2월 일제는 러일전쟁을 일으키며 대규모의 일본군 병력을 서울로 진입시켰다. 일본군은 수많은 대군을 이끌며 한양 도성 안팎의 주요 장소와 건물들을 순식간에 점령했다. 그리고 대한제국에 '한일의정서'

(1904.2.23) 체결을 불법적으로 강요했다. 일본의 강압에 의해 불법적으로 조인된 한일의정서 제4조에는 아래와 같은 내용이 있다.

제3국의 침해 또는 내란으로 인하여 대한제국 황실의 안녕과 영토의 보전에 위험이 있을 경우에는 일본제국 정부는 신속히 필요한 조치를 취할 것이며, 대한제국 정부는 일본제국 정부의 행동이 용이하도록 십분 편의를 제공한다. 일본제국 정부는 전항의 목적을 달성하기 위하여 군략상(軍略上) 필요한 지점을 수시로 수용할 수 있다.

일본군의 위협 속에 체결된 말도 안 되는 조약이었지만 한일의정서에 따라 일본군은 군사목적상 필요한 지점을 마음대로 수용할 수 있었다. 한일의정서로 군사기지 설치가 사실상 공인된 상태에서 일제는 '한국주차군사령부(韓國駐箚軍司令部)'를 일본에서 발족시켰다. 한국주차군사령부는 대한제국의 군대가 아니라 한국을 식민지화하기 위한 일제의 군대였다. 이 '한국주차군'이라는 용어도 자세히 보면 매우 기만적인 용어다. '대한제국'을 무력화시키기 위해 한국에 주둔한 '군대'라는 뜻으로 언뜻 보기에 일본의 군대인지 한국의 군대인지 모를 애매모호한 용어를 사용하고 있음을 주목해야 한다.

한국주차군사령부가 발족한 지 5일이 지난 3월 15일, 일본 참모총장은 초대 한국주차군사령관 앞으로 훈령을 내렸다. 이 훈령에 따르면 한국주차군의 목적은 전시 최고사령부(대본영)에 직속하는 특별한 위치에서 '서울의 치안'을 담당하면서 러일전쟁을 수행하는 작전군을 후방에서 지원하는 역할을 하는 것이었다. 한국주차군사령부가 편성되자

마자 일본군은 남산 필동 2가(현 한옥마을 부지)와 고종의 거처인 덕수궁(당시는 경운궁) 앞 대관정(대한제국 황실의 영빈관)을 불법적으로 점령했다. 이어 5월에는 대한제국의 군사 강점과 식민지화를 실현하기 위한 계획으로 '대한방침 및 대한시설강령'을 발표해 일본군의 주둔을 공식화했다. 이 방침과 강령은 한국을 군사적으로 지배하기 위한 계획이자 청사진이었다. 그리고 「한국에서의 군사적 경영 요령」을 통해 군사 침략의 방법을 보다 세밀히 준비했다.

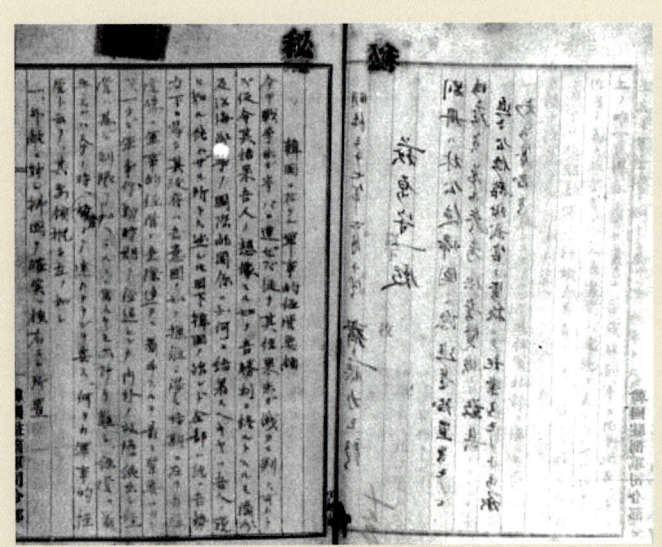

「한국에서의 군사적 경영요령」 이 문서는 서울(경성)에 일본군사령부를 설치할 것을 명시하고 있는 이 문서는 1904년 6월 14일 한국주차군 참모장 사이토 리키사부로(齊藤力三郎)가 일본공사관 부속 무관의 자격으로 기안하였다.

출처: 국사편찬위원회

곧이어 일제는 군사기지를 설치하기 위한 부지를 조사하였다. 1904년 8월, 일본 군부의 최고 수장인 육군대신 데라우치는 아래와 같이 '군용지 조사 요령'을 명령했다.

① 군용지 조사의 일반적인 요령은 북해도 및 대만 병영 건축에 관한 방침을 참고할 것.
② 병영 부지는 재래의 시가지와 떨어져 군대 생활에 필요한 일본인 부락을 구성하는 데 충분한 여지를 포함하고 또한 철도 부설지는 가능한 한 정거장 근처일 것.
③ 총 부지의 평수는 대개 일본 본토의 표준에 따르고 연병장과 사격장 등과 같은 것은 힘써서 유리하게 수용할 것.
④ 병영 부지 및 연병장은 토공작업을 줄이기 위해 가능한 한 현재의 지형을 이용하고 배수와 장래 수도 부설의 편리 여부를 고려할 것.
⑤ 관아는 가능하면 동일 건물로 하고 화약고, 탄약고 및 예비용 제(諸)재료고는 동일 구내에 설치하고, 기타 각대 공용 건물은 가능한 한 여러 장소에 설치하는 것을 피하고 한 장소에 집단적으로 축조하는 설계를 할 것.
⑥ 토지 수용상 묘지는 가능한 한 피할 것을 필요로 함. …

군용지 선정 과정은 위와 같이 일정한 원칙이 있었다. 즉, 군용지는 가능한 한 정거장과 철도 부설지와 가까워야 하며 군대에 필요한 조달 등을 위해 일본인이 거주할 수 있는 충분한 부지를 포함해야 한다는 것이었다. 이에 따라 철도역(용산역) 인근에 일본군용산기지가 들어선 것이며 그 주위(현 한강로 일대)로 일본인들이 다수 거주할 수 있었던 것이다. 계속해서 '군용지 조사 요령'에는 한국인들과의 마찰과 분쟁을 막기 위해 묘지는 가능한 한 피할 것을 지시했다. 하지만 이 사항은 제대로 지켜지지 않았다. 앞으로 자세히 살펴보겠지만 특히 묘지 및 토지 수용 문제는 큰 문제를 야기했는데 군용지 강제 수용 과정에서 둔지미 주민들과 상당한 마찰을 빚었고 급기야 일제가 무력을 사용해 둔지미 주민들이 사망하는 사태까지 이르게 된다.

이처럼 '군용지 조사 요령'에 근거하여 1904년 8월 15일 일제는 마침내 둔지방 일대 약 300만 평(약 991만 제곱미터)에 이르는 광대한 토지를 수용하겠다고 대한제국 정부에 일방적으로 알렸다. 이렇게 해서 일제는 군용지를 확정한 후 서울 남대문 밖에서 한강에 이르는 광대한 지역에 푯말을 무단으로 설치했다. 그리고 군용지 내 토지와 건물에 대해 주인이 마음대로 팔거나 용도 변경을 하지 못하도록 하는 법령까지 발포했다. 아래는 일제의 무단적인 군용지 수용 상황을 구체적으로 보여 주는 당시의 생생한 기록들이다.

(한성부) 남서장(南署長) 이덕응 씨가 경무청에 보고하되 그저께 일본군이 표목을 남대문 밖 우수현 아래로 갈월리까지, 전생서(典牲署) 뒤 산기슭으로 한강까지 응봉을 따라 나무원(南筏院) 남쪽변으로 바로 아래 남소문 성곽까지 세우고, 백여 칸에 5, 6개씩 표목을 세우고 (일제의) 한국주차 군용지 건조물이니 일절 매매 또는 양여하기를 금지하고, 만약 어긴 자는 군율에 준해 처벌할 터라 하였는데 즉시 외부(外部: 오늘날의 외교부에 해당-필자)로 이첩 조

회하였더라.

-『황성신문』, 1904. 8. 18.

일본 헌병사령부에서 군용지로 설정한 땅(地段)을 한성소윤 박승조 씨와 내부참서관 오재풍 씨가 조사한 보고에 따르면 해당 부지가 남문 내 창동 뒤 서쪽 산록 성벽을 따라서 전생서로 직향해 갈월리와 사촌리를 경유하여 두모포까지 이르러 응봉으로 장충단을 경유하여 창동 동쪽 기슭 성벽까지 경계를 표시한 것이 무릇 89개소에, 매 칸 걸음 수로 이백 보가량 합 1만 8천여 보인데 그 사이에 주민의 가옥, 분묘, 전답의 수는 짐작할 수 없을 정도라 하였다더라.

-『황성신문』, 1904. 8. 27.

이처럼 러일전쟁을 계기로 일제는 한국의 군사 점령을 목적으로 남대문 밖에서 한강변에 이르는 광대한 부지를 강제적으로 수용하기 시작하였으며, 이때부터 둔지산 자락의 둔지미 마을은 본격적으로 군사기지로 바뀌기 시작했던 것이다.

8
둔지미 마을의 역사가 고스란히 새겨진
〈한국 용산 군용 수용지 명세도〉

일제의 용산기지가 들어서기 이전의 둔지미 마을들을 구체적으로 보여 주는 중요한 사료가 있다. 바로 일본 방위성에 소장된 기밀문서철인 『밀대일기』속 「관방 한국 수용지에 관한 건」이라는 문서다. 이 문서에는 일제의 강제 수용 당시 둔지산을 중심으로 있었던 둔지미 마을을 비롯해 옛 선조들이 살던 마을의 정확한 위치와 현황을 알려 주는 매우 중요한 지도가 포함되어 있다. 그 지도의 이름은 〈한국 용산 군용 수용지 명세도〉(1906)다. 명세도란 상세한 지도를 말하는데, 지도 명칭에서 보듯이 러일전쟁이 끝난 1906년경 일본군은 '둔지방'이라는 우리 고유의 행정구역 명칭 대신 둔지방에 '용산'이라고 자의적으로 명칭을 붙인 것을 알 수 있다. 하지만 지도를 잘 들여다보면 '둔지산'이라는 명칭도 정확히 표기되어 있다. 이것은 일제도 둔지산의 존재를 분명하게 알고 있었다는 점을 말해 준다. 또한 이 지도에는 당시 일본군이 설정한 군용 수용지의 경

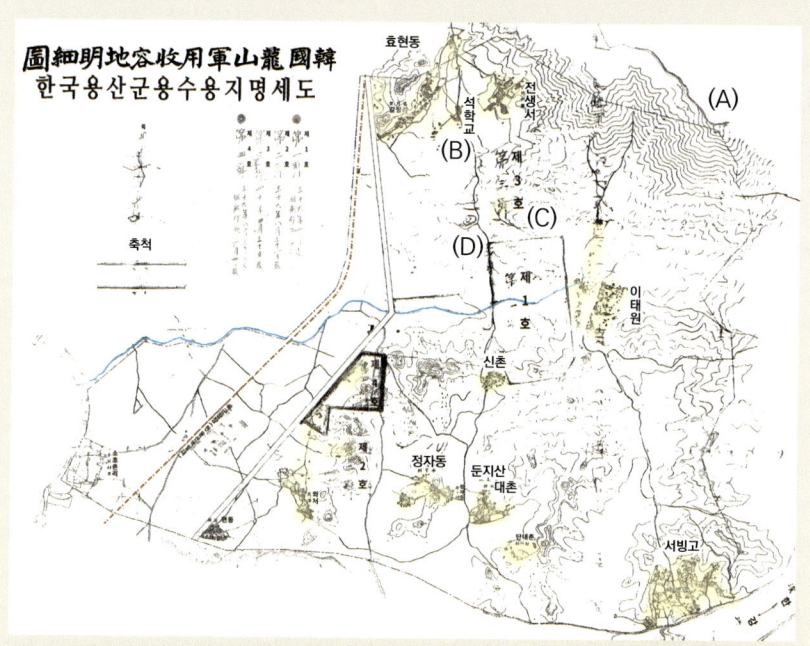

〈한국 용산 군용 수용지 명세도〉(1906) 일본군이 작성한 「관방 한국 수용지에 관한 건」에 포함된 지도다. 이해를 돕기 위해 주요 지명 옆에 한글을 같이 표기하고 선조들의 옛 마을이 있던 곳은 노란색으로, 물길은 파란색으로 표시했다. (A)남산 동봉(제1봉수 자리, 현 미군통신대 위치), (B)남대문에서 나와 석학교를 거쳐 남쪽으로 가는 옛길, (C)이태원을 경유해 서빙고로 가는 옛길(조선통신사길), (D)둔지미 신촌을 경유해 남쪽 대촌과 정자동으로 가는 옛길.

출처: 일본 방위성 소장, 「관방 한국 수용지에 관한 건」, 『육군성-밀대일기-M40-1-8』

계를 포함해 이태원, 서빙고, 전생서, 와서 등의 옛 관아와 마을들 그리고 조선시대 옛길, 만초천 물길 등의 원래 모습 등이 잘 나와 있다. 그리고 무엇보다도 둔지산 자락에 자리 잡은 둔지미 마을(신촌, 대촌, 정자동, 원내촌)의 정확한 위치와 마을 규모 등을 보여 주고 있어 매우 주목된다.

결론적으로 말해 이 지도는 일본군 용산기지가 들어서기 이전 조선시대 둔지방 지역의 자연 지형의 원모습과 둔지산 자락에 자리 잡았던 둔지미 마을의 역사적 실체를 규명할 수 있는 중요한 사료다. 그럼 지도의 내용을 구체적으로 살펴보자.

1906년 〈한국용산 군용 수용지 명세도〉에 따르면 약 300만 평에 이르는 광대한 군용지 경계선(-·-·-)을 상세히 표시해 놓았다. 군용지 경계선 내에는 제1호부터 제4호까지 색깔별로 강제 수용하기로 한 지역의 구역 표시를 상세히 해 놓았다. 각 호의 구역 내에는 가옥과 분묘, 경작물 등이 있어 정해진 기간 내에 철거를 단행할 것임을 보여 주고 있다(지도의 왼쪽 상단).

    제1호 1906년 6월 한(단 경작물은 15일 한)
    제2호 1906년 8월 31일 한
    제3호 1907년 4월 30일 한
    제4호 1906년 8월 30일 한(단, 경작물은 6월 30일 한)

먼저 지도의 오른쪽 최상단을 보자. 주름 모양의 등고선은 바로 오늘날의 '남산(南山, 목멱산)'이다. 군용 수용지 경계선 밖에는 등고선 위로 남산 성벽이 오밀조밀하게 보인다. 작은 숫자로 표기된 등고선 높이는 10미터 간격으로, 정상 봉우리는 약 260미터다. 남산의 동봉에 해당하는 이곳(A)은 조선시대 남산 제1봉수 자리로 현재 미군통신대(Camp Morse)가 들어서 있다.

지도 왼쪽에는 방위와 축척이 나와 있는데, 이를 보면 근대 측량 기술이 적용된 상세한 지도임을 알 수 있다. 실제 일본군은 이미 청일전쟁(1894) 이전부터 참모본부 육지측량부를 중심으로 서울을 비롯해 한국에 대한 불법 측량을 시작했고, 러일전쟁 당시에는 세밀한 지도를 바탕으로 작전을 수행할 수 있었다. 이 지도의 축척은 1: 5,000으로, 대축척 지도다. 다시 지도의 중앙 최상단을 보자. 지도의 최상단 군용지 경계선 밖에는 '효현동(孝峴洞)'이라는 마을이 나온다. 이곳은 오늘날 동자동 일대인데 1906년 당시에는 '효현동'이라는 명칭을 사용했음을 알 수 있다. 이 효현동은 '쇠경재'라고도 불렀는데 조선 선조 때 문신 한음 이덕형이 부근에 살며 경전을 낭송해 '송경재'라 한 것이 음이 변해 '쇠경재'가 되었다. 또한 『동국여지비고』에 따르면 동자동에는 선조 때 영의정을 지냈던 윤두수가 살았다고 한다. 일제강점기에는 고시정(古市町)으로도 불렸는데 경부선을 설계했던 일본 토목계의 거장인 남작 후루이치 고이(古市公威) 공학박사의 성을 따서 붙인 것이다. 효현동에서 군용지 경계선을 지나 좀 더 아래로 내려오면 오늘날 갈월동의 옛 명칭인 '갈월리(葛月里)'가 나온다. 앞에서 나왔던 『황성신문』 1904년 8월 18일 자와 8월 27일 자 기사의 갈월리와 동일한 곳이다. 현재는 갈월동이라고 부르는데 부근에 칡(葛)이 많았다고 해서 붙여진 이름이다. 갈월동은 또한 옛날에는 '부륵배기'라고 불렀는데 산줄기가 불룩하게 나온 데서 얻어진 이름이다. 실제 지금도 갈월동은 구릉지가 있는 언덕으로 위 지도를 통해서도 쉽게 확인할 수 있다. 또한 일본인이 남긴 『경성부사』(1936)에 따르면 갈월동 부근은 임진왜란 발생 이듬해 조명연합군의 공격으로 함경도 방면에서 밀려든 가토 기요마사(加藤淸正) 부대가 머물렀다고 전해진다. 왜군이 행주산성 전투에서 패한 후 명나라와 용산 강기슭에서 강화회담을 벌이고 있을 때 가토군에게 포로가 된 임해군 등 조선 왕자 일행이 이곳에 머물고 있었다. 이때 조선의 이진충(李盡忠) 등이 왕자를 만나기 위해 용산강에 상륙해 만리동을 지나 청파와 만초천을 건너 은행나무가 있는 큰집에서 가토와 왕자 일행을 만나 하룻밤을 묵고 난 후 왕자의 서신을 가지고 나왔다고 한다.

자 이제 시선을 '갈월리'에서 오른쪽으로 조금 돌려보자. 그러면 옛길(소로길) 한가운데에 '석학교(石鶴橋)'가 보이고 그 오른편으로 국가 제사용 가축을 길렀던 관청인 '전생서(典牲署)'가 보인다. 석학교를 지나는 이 옛길(B)은 현재의 두텁바위길(후암로)의 원형이자 조선시대부터 이어져 온 옛길로 남대문을 나와 이태원을 지나 영남지방으로 내려가는 매우 중요한 길이다. 이 길은 특히 조선통신사들이 왕래했던 길이다.

즉 이 길을 이용해 역대 조선통신사를 비롯해 과거의 우리 선조들이 한강 방향으로 갔던 것이다. 이 옛길은 '1890년대 옛 서울 모형'에서 보듯이 남대문에서부터 시작해 관우를 모시던 남묘(南廟, 남관왕묘) 앞을 지나는 길인데, 지도 위의 최상단 옛길이 시작되는 곳은 '우수재' 또는 '우수현(牛首峴)'이라고 불렀다. 우수재는 도동에서 후암동으로 넘어가는 고개

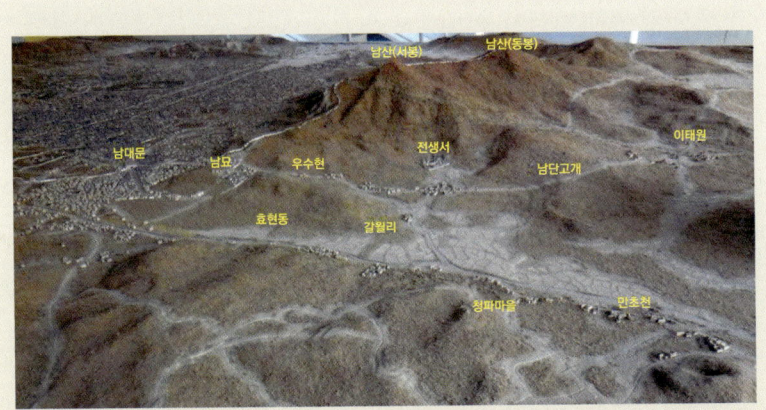

'1890년대 옛 서울 모형' 중 둔지방 일대 남묘에서 우수현, 전생서를 거쳐 남단고개, 이태원으로 이어지는 길(현 두텁바위 길)이 바로 앞 지도의 옛길(C)이다.

출처: 서울시립대학교

로 고개가 소머리처럼 생겼다는 설과 우수선생이라는 학자가 살았다고 해서 '우수재'라고 불렀다는 설이 있다. 또한 매년 정월 보름 남대문 안팎의 젊은이들이 편전(便戰: 돌싸움)을 했던 곳이다. 석학교는 '도락다리'라고도 불렀는데, 즉 '돌다리'이다. 전생서 부근에서 석학교 쪽으로 작은 하천(후암천)이 흘렀는데 이 돌다리도 하천 위에 놓였던 것으로 보인다. 석학교를 지나 밑으로 조금만 더 내려오면 '제3호' 구역이 보이고 제3호 왼쪽의 작은 구릉 일대가 바로 옛 '남단(南壇)'이 있던 곳으로 추정되는데 이 지도에서는 남단의 형태가 확인되지 않는다. 이 구릉은 오늘날 용산중·고등학교 일대 맞은편 용산미군기지의 19번 게이트와 20번 게이트 사이에

현 용산고 옆 두텁바위로 예전 밤고개 또는 남단고개로 불렀다. 이 길 막다른 곳이 용산기지 20번 게이트다. 도로 오른쪽 담벼락 너머는 용산기지 캠프 코이너가 위치해 있고 왼쪽은 국방홍보원이 들어서 있다.

있는 구릉으로 『경성부사』에 따르며 이 언덕은 '밤고개(栗峴)' 또는 '남단고개(南檀坂)'라고도 불렸다. 구릉 아래 평지(현 용산기지 캠프 코이너)는 홍선대원군이 청나라 군대에 의해 납치됐던 역사의 현장이기도 하다.

그리고 이 언덕 막다른 지점에서는 길이 두 갈래로 갈라진다. 하나는 이태원 마을을 경유해 서빙고 방향으로 내려가는 길이고(C), 다른 하나는 정남쪽으로 곧바로 내려가 오늘날 국립중앙박물관 일대로 향하는 길이다(D). 이 길(D)은 오늘날 '미8군도로(8th Army Drive)'로 부르는데 일제강점기에는 삼판통(三坂通)으로 불렸고 일본군 용산연병장(현 국립중앙박물관 일대)으로 곧바로 이어지던 간선 도로였다. 지금도 용산기지의 남북을 관통하는 중요한 도로로 사용되고 있다. 일본인들의 시각으로 풀어낸 『경성부사』를 포함해 각종 문헌에는 이 도로가 1908년에 군용도로로 완성됨으로써 1906년에 완성된 현 한강대로와 더불어 신용산의 양대 간선도로가 되었다라고 설명하고 있다. 이후 『경성부사』를 인용한 여러 연구논문과 자료에서도 이 길이 우리 선조들이 사용했던 옛길이라는 사실은 전혀 모른 채 일본인들이 만든 길이라고 줄곧 기록해 왔다. 그렇지만 이 도로는 엄연히 조선시대부터 이어져 온 우리의 옛길임을 강조하고 싶다.

다음 사진을 자세히 보자. 이 길은 1차선임에도 불구하고 폭이 넓다. 그 이유는 초대 조선총독이자 일본 육군대신을 지냈던 데라우치가 포병의 제일 큰 차가 지나갈 수 있을 정도로 길을 닦으라고 지시했기 때문이다. 그래서 당시 포병의 제일 큰 포차가 지나갈 정도의 폭으로 도로가 만들어졌고 실제 오늘날 용산기지의 미8군도로는 1차선임에도 불구하고 상당히 폭이 넓다. 이 옛길을 따라 중간쯤 내려오면 '신촌(新村)'이라는 마을과 그 오른쪽으로는 비교적 큰 규모의 '이태원(利太院)' 마을이 넓게 펼쳐

조선시대 옛길이자 오늘날 용산기지 내 미8군도로 후암동에서 국립중앙박물관까지 이어지는 도로로 저 멀리 박물관과 그 너머 관악산이 보인다. 〈한국 용산 군용 수용지 명세도〉를 보면 이 길을 쭉 따라가면 둔지미 신촌을 지나 정자동과 대촌으로 이어진다는 것을 알 수 있다.

져 있음을 알 수 있다. 지도상의 마을 규모와 일제강점기 때 발간된 『경성도시계획자료조사서』(1927)의 기록(1915년 당시 이태원 마을의 호수 및 인구수가 331호에 1580명)을 토대로 보면 족히 400가구는 되었을 것으로 보인다. 그런데 이태원 마을의 약 절반에 해당하는 마을 왼쪽 구역은 군용지 수용구역 제3호 구역의 경계선 내에 들어가 있다. 실제 제3호 구역은 1907년 4월 기한으로 강제 수용되어 1907년 2월 사격장과 1908년 2월 일본군 위수병원이 들어서게 된다. 그리고 둔지산 자락의 신촌 마을은 각종 신문기사들을 통해 볼 때 1908년경에 강제 수용된다. 이태원 마을과 그리 멀지 않은 둔지미 신촌(新村)은 둔지산의 서북부 능선에 자리 잡고 있는데 지세로 보아 둔지산을 등에 업고 한강의 푸른 강물이 아름답게 펼쳐지는 양지바른 곳에 자리 잡았다. 마을의 역사를 증명해 주듯 둔지미 신촌 언

용산기지 내 아름드리 느티나무 둔지미의 역사를 모두 지켜 본 이 나무의 오른쪽에는 남산(목멱산)이 있다.

저리에는 아직도 수백 년 된 아름드리 느티나무 군락지가 그대로 남아 있다. 그러나 둔지미 신촌은 일본군에 의해 마을이 송두리째 수용당하고 군사기지가 조성되면서 통감 관저(총독 관저)가 들어서게 된다.

한편 이 지도에서는 남산에서 내려오는 자연형의 하천 지류도 볼 수 있다. 이 물길은 만초천 본류로 합쳐지는데 바로 이태원 마을의 젖줄이 었다(물길을 파란색으로 표시). 그러나 용산기지가 들어서면서 하천 물길은 직강화(直江化)되었고 그 이름도 소조천(小早川)으로 바뀌게 된다. 즉 일제가 일본식인 고바야카와(小早)천으로 명칭을 완전히 바꾼 것이다. 여기서 고바야카와는 임진왜란 당시 조선 침략의 선봉장수였던 왜장 고바야카와 다

카카게(小早川隆景)를 말한다.

　신촌 바로 왼쪽에는 얕은 구릉지가 있고 무덤이 곳곳에 널려 있음을 볼 수 있다. 오늘날 이곳에는 대한민국 국방부와 대한민국 대통령실이 들어서 있다. 국방부는 정전협정 직후 1953년 서울로 환도해 원래 후암동 병무청 자리에 있다가 1970년 현재의 위치로 옮겨 왔다. 구릉지 바로 왼쪽에 큰 도로(현 한강로)가 나 있고 북쪽으로 꺾이는 지점이 오늘날의 삼각지이다.

　다시 지도의 하단을 보면 둔지산(屯芝山) 자락에 있는 마을이 여럿 보이는데 지금은 사라진 정자동(亭子洞), 대촌(大村) 등의 옛 마을이 보인다. 그런데 앞서 신촌이라는 지명은 보통 '새로 형성된 마을(새말)'이라는 뜻인데 둔지산 아래의 대촌과 정자동보다는 규모가 좀 작은 것으로 보아 신촌이 대촌과 정자동보다는 이후에 형성되었을 가능성도 있다. 둔지미의 전신이자 옛 명칭인 '지어둔계'가 1751년에 간행된 『수성책자(守成册字)』「도성삼군문분계총록(都城三軍門分界總綠)」에 처음 등장하는 것으로 봐서 둔지미 마을은 최소한 260년 이상의 역사가 있다고 볼 수 있다. 둔지산 바로 아래의 '대촌(大村)'은 '큰 마을(말)'이라는 뜻이고 대촌 왼쪽의 '정자동(亭子洞)'은 한강의 수려한 경치를 즐길 수 있는 정자가 있어 붙여진 이름이다. 강세황의 정자 두운지정이 이곳에 있었을 것으로 생각한다.

　다음 신문기사들을 보면 둔지미 큰말(대촌), 신촌, 정자동 등의 옛 마을 이름들을 잘 확인할 수 있다. 지금도 용산기지 내 둔지산에서는 저 멀리 관악산과 청계산을 병풍 삼아 한강의 수려한 경관을 감상할 수 있다. 그 옛날 정자동에서 보는 한강의 경치는 어땠을까? 그야말로 한 폭의 수채화가 펼쳐졌을 것이다. 또한 대촌 아래에는 '원내촌(垣內村)'도 있었다. 이

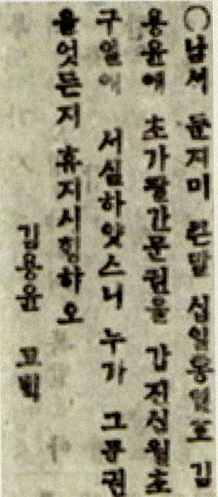

"남서 둔지미 큰말 11통 1호 김용윤의 초가집 8칸 집문서를 1904년(갑진년) 11월 초 9일에 분실하였으니 누가 그 집문서를 주워서 얻었으면 알려 주시오. 김용윤 고백"

출처: 『제국신문』, 1904. 11. 22.

"지난 25일에 일인 4명이 군용측량이라 칭하고 동대문(남대문의 오기-필자) 밖 둔지미 신촌에서 정자동까지 입표하였다더라."

* 입표: 나무, 돌 등으로 경계표지를 세움

출처: 『대한매일신보』, 1905. 2. 28.

원내촌에는 제갈공명을 모신 무후묘와 마을신을 모시던 부군당이 있었다. 하지만 이 무후묘와 부군당 역시 1910년대 중반 일본군 상설사단 설치로 인해 1919년경 오늘날의 보광동으로 강제 이전되는 비극을 맞게 된다.

이처럼 〈한국 용산 군용 수용지 명세도〉는 일제가 용산기지를 만들기 이전부터 이 땅이 조상대대로 우리 선조들의 '삶의 터'였다는 것을 고스란히 증명해 주는 소중한 자료이다.

9
일제의 군용지 수용 과정에서 둔지미 주민들은 어떻게 저항했을까?

현재 용산기지에는 다음 사진에 보이는 문인석과 동자상을 비롯해 많은 석물들이 곳곳에 남아 있다. 그러나 이곳을 방문하거나 혹은 이곳에 근무하는 대다수의 사람들은 이 석물들을 단순한 '돌'이나 한낱 '데커레이션(decoration)' 정도로 생각할 뿐 이것들이 여기에 왜 서 있는지 모른다. 심지어 어떤 문인석은 우스꽝스러운 페인트칠까지 되어 있다. 그렇지만 이 석물들의 역사와 그 의미를 조금이라도 헤아릴 줄 안다면 한낱 장식물로만 여길 수는 없는 일이다. 이 석물들은 일제에 의해 둔지방이 군용지로 수용되면서 삶의 터전을 빼앗겨야만 했던 둔지미 주민들의 '아픈 역사'를 말없이 대변하고 있다.

일본군(한국주차군)은 러일전쟁 기간 중인 1905년 8월 가옥과 무덤 등을 이전하겠다고 일방적으로 발표하고 군대를 동원해 무덤을 파헤치기 시작했다. 이에 둔지미 마을을 비롯한 군용지 수용 지역에서는 각종의 토

용산미군기지 내 석물들 둔지미 주민들의 역사를 말없이 대변해 주고 있다.

지분규가 분출하고 난리가 났다. 또한 일제 당국과 대한제국 간에 오고 간 군용지 수용협정의 내용은 둔지미 주민들에게는 거의 알려지지 않고 진행되었다. 전답을 빼앗기고 가옥을 철거당하며, 조상 대대로 섬겨 온 무덤을 이장해야 한다는 사실에 둔지미 주민들은 잠을 제대로 이룰 수 없었다. 급기야 둔지미 주민 1천여 명이 내부(오늘날의 행안부에 해당)와 한성부(오늘날의 서울시청에 해당)로 몰려가 사정과 고충을 토로하였다. 시간이 지날수록 내부 문전에 주민들이 몰려들었고, 그 수는 점점 늘어나 수천 명에 달했다. 결국 8월 9일 오후 친일파 내부대신 이지용이 나왔고 주민들은 이지용에게 일본군의 무자비한 군용지 수용 문제를 해결해 줄 것을 간곡히 요청했다. 이에 대해 이지용은 일본군사령부(한국주차군사령부를 말함)와 교섭하여 만족할 만한 결과를 주겠다고 주민들을 설득하며 해산을 종용하였다. 둔지미 주민들은 이지용에게 약속한 사실에 대해 도장을 날인한 증명서를 줄 것을 요청했다. 증명서를 받을 때까지 돌아가지 않겠다면서 내부 뜰 안에 약 1천 명이 머물렀다. 경무사(警務使: 대한제국 때 경찰·감옥 업무를 관장한 경무청의 으뜸 벼슬)가 주민들을 다시 설득하려 했으나 격앙된 분위기는 가라앉지 않았다. 다음 날 8월 10일 내부 문전에 모여 있는 주민들에게 일본 헌병이 검을 빼들어 해산을 강요하자 이에 격분한 주민들이 돌을 던지며 저항했다. 그러자 일본은 헌병 1대대를 급파해 강제 진압에 나섰다. 헌병대까지 출동하면서 현장은 마치 전장을 방불케 변해 버렸다. 급기야 이 과정에서 주민 2명이 사망하고, 수 명의 부상자가 발생했다. 내부대신 이지용은 사태가 심각해지자 자기만 살겠다고 후문으로 먼저 줄행랑쳤다. 주민들의 저항이 거세지자 일본군은 보병 1소대를 증파해 진압하려고 했다. 쫓겨난 주민들은 남대문 앞에 모여 통곡하며 저항했다. 결국 주모자로 10여 명이 헌병대에 끌려가고 주민들은 강제 해산당함으로써 사태는 진압되었다.

   둔지미 주민들의 격렬한 저항을 무마하기 위해 대한제국 정부는 8월 11일 다음과 같은 내용을 발표했다. "현지민들의 사정이 비록 불쌍하지만 군략상 필요한 지점을 수용하는 것은 한일의정서의 한 조항이므로 당연히 따라야 할 조치"라는 말도 안 되는 소리를 했다. 그리고 "향후 우두머리를 자처하고 민심을 의혹케 하는 자는 철저히 감시하고 금지하여 경무청에서 조치"케 하겠다고 엄포했다. 국가가 나서서 주민들을 보호해도 부족할 판인데 오히려 일본의 침략정책에 동조하는 꼴이었다. 한술 더 떠서 주한일본공사 하야시 곤스케(林權助)는 군용지 매수가격이 지나치게 싸서 이런 사태가 발생했으나 군사력을 동원해 철저히 진압하면 앞으로 문제가 없을 것이라고 본국에 보고했다.

　이처럼 삶의 터전을 빼앗긴 둔지미 주민들이 집단으로 정부에 호소하였으나 대한제국 정부는 주민들의 생명과 재산을 지켜 주지 못했다. 1905년 9월, 일제의 한국주차군사령부는 마치 군사작전을 방불케 하듯 민가 철거를 단행했다. 이에 10월 6일, 군용지 내 거주하는 주민 40여 명이 가옥 철거에 대해 보상비를 요구하며 내부 문전에 모여 또 다시 호소했다. 생존권과 삶의 터전을 박탈당한 주민들이 대한제국 정부에 또 다시 호소했으나 아무런 소용이 없었다. 이러한 가운데 1905년 11월 대한

남산에 있었던 이토 히로부미의 통감부 청사

출처: 김천수 · 차상석

제국의 외교권을 박탈하는 을사늑약이 체결되고 통감부가 설치되었으며, 이듬해 초대통감 이토 히로부미(伊藤博文)가 정식으로 취임해 한국을 식민지화하기 위한 통감부 정치를 본격적으로 시작했다.

한국에 부임한 지 두 달이 지나 이토 히로부미는 일본으로 잠시 출장(1906. 4. 24.~6. 20.)을 갔는데 이토가 출장 중이던 1906년 5월 24일, 이토를 보좌하면서 통감부의 실무를 총괄하던 통감부 총무장관 쓰루하라 사다키치(鶴原定吉)는 이토에게 아래와 같은 내용의 비밀 공문을 한 통 보낸다.

통송(統送) 제8호

이번에 용산 군용지 내에 병영을 건축함에 따라 가옥, 분묘, 경작물 등을 철거하는 방안에 관해 별지 사본과 같이 (한국)주차군사령부로부터 신청이 들어왔습니다. 이에 따라 그 취지를 곧바로 (대한제국) 내부대신에게 이첩하였습니다. 본 건은 다수의 민가와 기타를 철거하는바 그 시일이 얼마 남지 않았기 때문에 한국 관리들이 기한 내 철거 조치를 하도록 하는 것은 어려울 것입니다. 자연히 아군(일본군) 관헌이 이를 실행하게 될 것으로 생각합니다. 본관이 미루어 판단해 보면 어떤 방법으로도 본건을 실행하게 되는 초기에는 관계 주민들로부터 심대한 불만을 유발하고 그 결과 분쟁과 소요를 발생시키더라도 계책을 세우기 어려울 것으로 생각합니다. 따라서 이에 대해 미리 고려해 주시기를 바라며 이를 위해 별지 문서 사본과 지도를 첨부해 보고드립니다.

1906년 5월 24일, 통감부 총무장관 쓰루하라 사다키치 → 통감후작 이토 히로부미 각하이 인용문은 일제의 한국주차군이 용산기지를 건설하기 위해 군용지 내에 있는 가옥과 분묘 등을 철거할 때 한국인들의 불만이 심하여 이에 따른 주민들의 분쟁과 소요가 발생할 것을 예상해 한국통감부 총무장관이 일본에 출장 중인 이토 히로부미에게 다급히 의견을 묻고 있는 내용이다. 이처럼 일본군의 강압적인 군용지 수용정책에 대해 심지어 통감부조차도 우려하고 있음을 엿볼 수 있다. 이뿐만 아니라 영국의 종군기자 맥켄지(F. A. Mckenzie) 등 외신들도 일본군의 무자비한 토지 수탈을 강하게 비난했을 정도였다. 둔지미 주민들의 격렬한 저항이 계속되자 한 달이 채 지나지 않은 1906년 6월 20일, 결국 일본 군부는 한국주차군사령관 하세가와 요시미치(長谷川好道)에게 "군에서 직접 사용하지 않는 가옥과 지상 물건 및 분묘에 대해서는 철거를 일시적으로 연기하라"라는 내용의 공문을 다시 내려보낸다. 그런데 이 공문에는 일본 군부가 직접 조사한 군용지 보고서가 담겨 있었는데, 여기에는 가옥과 분묘 철거는 주민의 동요를 일으키기 쉬우므로 사정을 세밀히 고려해야 한다는 내용과 함께 용산 군용지 즉 둔지방 군용지 내 가옥과 분묘 전답 등을 세밀히 조사한 내용이 있었다.

〈표 2〉에서 보듯이 일본군이 파악한 용산(둔지방) 군용지 내 가옥은 14,110칸, 분묘는 129,469총, 전답 등은 2,040,352평(약 674만 제곱미터)이었다. 그러나 여기에서는 숫자가 문제가 아니다. 조상 대대로 터를 잡고 살아온 둔지미 주민들이 하루아침에 쫓겨나게 되었으니 그 고통은 이루 말로 표현할 수 없었을 것이다. 우리는 이 숫자만으로는 결코 헤아릴 수 없는 그 고통의 크기를 가늠해 봐야 할 것이다.

일본군의 불법적인 군용지 수용정책으로 삶의 터전을 잃은 둔지미 주민들은 해당 지역의 지방관과 정부에 토지를 돌려줄 것을 계속 청원했다. 이에 대한제국 정부는 이토 히로부미의 통감부에 조회문을 보내 군용지의 반환을 요구했다. 그렇지만 이토는 대한제국 정부가 이미 일본군

<표 2> 일본군이 조사한 용산 군용지(둔지방 군용지) 현황

구분(소유)		분량	금액(원)	비고
가옥과 분묘에 대해 이미 지불한 금액	기와집	1,092칸	18,564.000	1칸 17원
	초가집	1,355칸 반	13,555.000	1칸 10원
	분묘	499총	174.650	1총 35전
	소계		32,293.650	
가옥	기와집	4,943칸 반	84,039.500	1칸 17원
	초가집	6,720칸 반	67,205.000	1칸 10원
	소계	11,664칸	151,244.500	
분묘	유주(유주)	51,588총	18,055.800	1총 35전
	무주(무주)	77,382총	1,547.640	1총 2전
	소계	128,970총	19,603.440	
전답 등	전답(반관반민)	126,399평	6,319.950	1평 5전
	산림(반관반민)	2,694평	26.940	1평 1전
	전답(민유)	769,153평	53,840.710	1평 7전
	산림(민유)	13,044평	260.880	1평 2전
	과원(민유)	1,302평	65.100	1평 5전
	철도감부 옛 수용지(민유)	214,208평	14,994.560	1평 7전
	미조사지	913,552평	31,974.220	총평수의 2분의 1을 민유로 하며 1평 7전으로 함
	소계	2,040,352평	107,482.360	
합계			310,623.950	

에게 군용지에 대한 소유권을 인정하는 보증서를 제출했으므로 돌려줄 수 없다고 했다. 대한제국 정부의 요청이 철저히 묵살된 것이다. 당시 우리 정부는 일본군의 군사적 점령하에 나라의 외교권까지 빼앗긴 상태로 허수아비 신세나 다름없었기 때문이다.

둔지미 주민들의 저항운동은 일본인들의 토지 침탈에 대한 배일 여론을 확산시켰다. 이후 비록 나라를 빼앗기고 둔지미 마을이 일제의 침략 기지로 바뀌는 비극을 맞게 되지만 둔지미 주민들이 삶의 터전을 지키기 위해 저항했던 역사를 우리는 잊지 말아야 할 것이다.

둔지미 주민들 일제의 불법적인 군용지 수용으로 보광동으로 강제 이주된 마지막 둔지미 주민들이다. (1964년 촬영)

출처: 서울역사박물관

10
일제 영구 지배의 꿈!
일본군 용산기지는 어떻게 만들어졌을까?

러일전쟁 기간 중 대한제국을 협박해 체결한 한일의정서에 따라 군용지라는 명목으로 한국 땅을 강제로 수용할 수 있게 된 일제의 한국주차군사령부는 침략전쟁을 수행하기 위한 군사기지들을 한반도 곳곳에 구축해 나가기 시작했다. 러일전쟁이 일본의 승리로 끝나면서 일제는 본격적으로 둔지산(둔지미) 일대를 군사기지화하기 시작했다. 일제 군부는 1906년 3월 30일 일본군 1개 사단 규모의 '영구 건축'을 시행하기로 결정하였다. 여기에서 보듯 일제는 일시적이 아니라 처음부터 한반도를 '영구적'으로 지배할 계획을 갖고 용산기지 건설을 계획했다. 더불어 수도 서울에 대규모 군사기지를 조성함으로써 한국의 침략과 제국의 위용을 과시해 한국인을 심리적으로 제압하려는 정치적 목적도 있었다.

일본 제22회 제국의회에서 영구 병영 건축을 위한 예산이 의결되자마자 일본 육군대신 데라우치는 한국주차군사령관 하세가와에게 건축 명

1908년경 일제가 한반도를 영구적으로 지배하기 위해 용산기지를 건축 중인 모습
출처: 김천수·차상석

일제강점기 일본군 용산기지 모습 현 용산기지 메인 포스트 일대, 왼쪽 도로는 현 이태원로이다.
출처: 김천수·차상석

령을 시달했다. 참고로 하세가와는 훗날 3·1운동을 탄압한 제2대 조선 총독을 역임한 인물이다. 이에 따라 한국주차군 경리부(經理部)가 용산기지의 건축 업무를 맡으면서 대규모 일본군 군사기지 공사를 시작했다. 이듬해 육군대신 데라우치는 한국주차군 경리부장에게 영구 병영 관아의 건축 위치와 일본군 수용 병력으로 서울(경성)에 "사단사령부 1개, 기병 1개 중대, 야전포병 1개 중대, 2등 병원, 창고, 병기지창, 위수감옥, 군악대"를 건설하도록 보다 구체적으로 지시하였다.

일제는 1906년 8월 6일 보병연대 본부 건물 기공을 시작으로 대규모 토목 공사와 병영 공사를 벌였다. 1909년 9월에는 한국주차군사령부 및 각 예하부대 병영시설과 훈련장을 완공했다. 1908년 10월 용산 병영공사가 어느 정도 진척되자 현 남산한옥마을 부지에 있던 일제의 한국주차군사령부를 용산기지로 옮겼고 사대문 내에 분산 주둔하고 있던 일본군과 군 관련 시설들을 용산기지로 대부분 이전하였다. 그 직후 1908년 12월, 용산기지 내에서 성대한 합동 준공식을 거행하였다. 이렇게 1906년부터 시작된 용산기지 공사는 1913년 말 한국주차군사령부에 편성된 기타 부속 건물들이 모두 완공되면서 용산은 하나의 거대한 군사도시의 모습을 갖추게 되었다. 일제의 무단통치에 힘입어 진행된 용산기지 개발은 한반도 식민지화와 대륙 진출을 목적으로 외국 군대가 주도한 도시계획의 시초라는 불명예스러운 기록을 남긴 것이기도 했다. 또한 이 시기에 형성된 용산기지의 공간 구조는 오늘날까지도 서울이라는 도시에 큰 영향을 미치고 있다. 다음은 1906~1913년까지 약 8년에 걸쳐서 일본군이 건축한 용산기지 건축 공사 개요를 표로 정리하고 주요 건물을 지도에 표시한 것이다.

⟨표 3⟩ 용산기지 공사 현황표(1906~1913)

구분	건평(평) 본 건물	건평(평) 부속 건물	공사비(원)	기공	준공	현존 유무
군 사령부	428	354	206,655	1907. 10. 20	1908. 7. 31	멸실
군사령관 관사	606	170	501,716	1907. 6. 22	1910. 4. 30	멸실
직원숙사			208,038	1907. 11. 16	1908. 9. 30	멸실
사단 사령부	297	85	138,415	1907. 9. 28	1908. 12. 31	멸실
사단장 숙사	86	45	38,439	1908. 5. 3	1908. 10. 20	멸실
직원숙사			140,706	1908. 6	1908. 10. 20	멸실
보병연대 본부	293	32	1,057,261	1906. 8. 6	1908. 6. 30	멸실
보병연대 병영	2,022	3,014		1906. 8. 6	1908. 6. 30	현존
보병연대 직원숙사		1,234	422,636	1908. 2 ~1913. 8	1908. 11 ~1913. 11	일부 현존
기병중대 병영	194	849	199,716	1908.6. 4	1909. 9. 30	멸실
기병중대 직원숙사	165		28,222	1908.6. 4	1909. 9. 30	
야포병중대 병영	171	546	180,818	1908.6. 4	1909. 9. 30	멸실
야포병중대 직원숙사	165		26,190	1908.6. 4	1909. 9. 30	
병기지창 청사	79	23	179,583	1908. 7	1908. 10	멸실(단, 무기고 및 화약고 현존)
병기지창 직원숙사			46,148	1907. 8	1907. 11	
육군창고 청사	94	23	183,375	1908. 2	1908. 11	일부 현존
육군창고 직원숙사			37,251	1907. 8	1907. 11	
위수병원 청사	602	1,140	254,336	1908. 2	1908. 9	멸실
위수병원 직원숙사			63,241	1908. 8	1908. 11	
온양전지 요양소	140		15,287	1906. 1	1907. 3	멸실
군악대 청사	98	78	46,994	1908. 6	1909. 4	멸실
군악대 직원숙사			29,118	1908. 6	1908. 10	
위수감옥 청사	28	356	77,167	1908. 9	1909. 9	일부 부속 건물 현존
위수감옥 직원숙사			28,298	1907. 8	1907. 11	멸실
병마계 및 격리계	101	380	44,883	1908. 6	1909. 9	멸실
사격장			26,703	1907. 2	1907. 4	멸실
연병장				1907. 8	1908. 5	
장애물 및 작업장				1909. 2	1909. 3	
전등			21,561	1909. 2	1910. 4	멸실
군용 수도			47,685	1907. 2	1907. 10	멸실
위수지 수도			49,626	1911. 9	1912. 7	

매장지 및 화장장			3,516	1907. 5	1907. 7	멸실
군용도로			148,219	1907. 10	1908. 3	현존
오포대			1,822	1908. 7	1908. 9	멸실
용산출장소			8,501	1906. 7	1906. 8	멸실
용산출장소 직원숙사			1,656	1906. 7	1906. 8	
용산헌병분대	28	40	8,007	1909. 2	1909. 3	멸실

출처: 조선주차군경리부 편, 『조선주차군 영구 병영, 관아 및 숙사 건축경과개요(朝鮮駐箚軍永久兵營, 官衙及宿舍建築經過槪要)』, 1914, 91~237쪽. 이 책은 용산기지의 건축 공사에 관한 전반적인 내용을 담고 있는 자료로 현재 국립중앙도서관에 소장되어 있다.

그럼 이제 다음 1914년 〈용산일본군용지도〉와 1915년 〈조선지형도〉를 자세히 비교해 보자. 이 지도들에는 앞서 소개한 1906년 〈한국 용산 군용 수용지 명세도〉에 나오는 우리 선조들의 옛 마을인 둔지미 신촌(新村)이 전혀 보이지 않는다. 둔지미 신촌이 감쪽같이 사라졌고, 대신에 '총독 관저'라고 표시되어 있다(1914년 〈용산일본군용지도〉 중 파란색 원 표시). 그리고 1915년 〈조선지형도〉에는 총독 관저가 아닌 다시 '군사령관 관저'로 나와 있다(노란색 원 표시). 도대체 어떻게 된 일일까? 이렇게 된 이유는 우리 선조들의 삶의 터전이었던 둔지미 신촌을 일제가 밀어 버리고 그곳에 총독(통감) 관저를 건설해 한반도를 영구적으로 지배하려 했기 때문이다. 이 총독 관저는 이후 일본군사령관 관저로 다시 용도 변경된다. 이를 정리하면 둔지미 신촌 → 총독 관저 → 군사령관 관저로 바뀐 것인데 무슨 말인지 잘 이해가 안 갈 수도 있다. 이를 구체적으로 증명하기 위해서 먼저 1906년 〈한국 용산 군용 수용지 명세도〉에 용산기지 공사가 끝난 뒤 작성된 1914년 〈용산일본군용지도〉를 중첩시켜 보겠다. 그러면 원래의 둔지미 신촌이 용산기지가 들어서며 어떻게 변화되었는지 명확히 드러날 것이기 때문이다.

1914년 〈용산일본군용지도〉 이 지도는 『조선주차군 영구 병영, 관아 및 숙사 건축경과개요(朝鮮駐箚軍永久兵營, 官衙及宿舍建築經過槪要)』, 1914에서 손정목 교수가 작도한 것으로 밝히고 있는데 용산기지 공사 당시 부대 배치와 원지형을 이해할 수 있는 중요한 자료다. 붉은색 글씨는 필자가 추가하였고 파란색 원 표시는 둔지미 신촌에 들어선 총독 관저이다.

출처: 손정목, 『한국개항기 도시사회경제사연구』, 일지사, 1982, 327쪽.

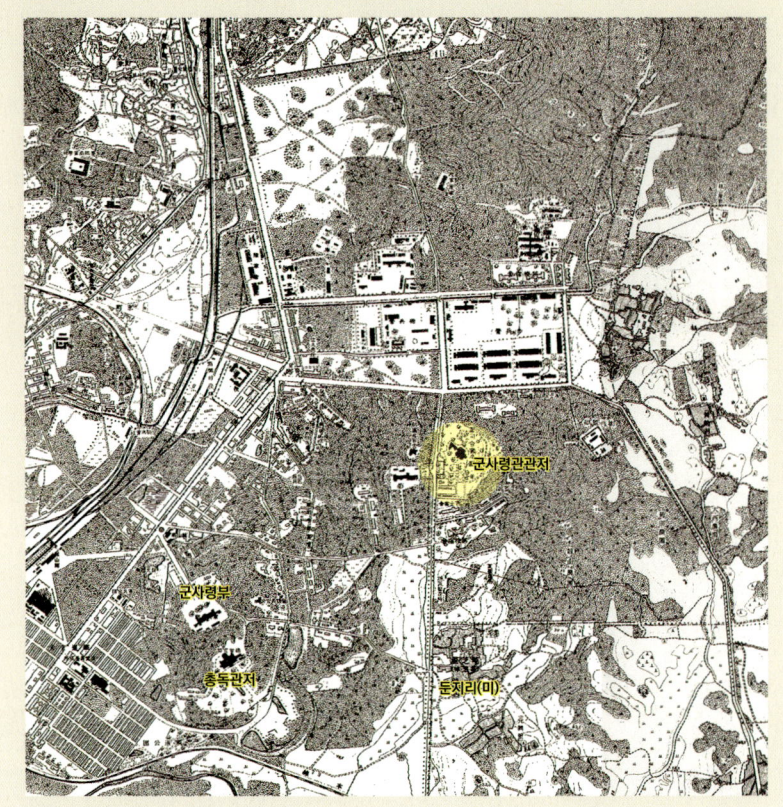

1915년 〈조선지형도〉 중 용산기지 부분 이 지도는 1906~1913년까지 건축된 용산기지의 현황을 잘 보여 주고 있다. 노란색 표시는 필자가 추가하였고 노란색 원은 군사령관 관저이다. 이 지도와 〈용산일본군용지도〉를 비교해 보면 총독 관저 부지에 군사령관 관저가 들어섰음을 알 수 있다.

출처: 조선총독부 육지측량부 작성 축척 1:10,000 〈조선지형도〉.

두 지도를 중첩한 결과를 보면 분명히 원래의 둔지미 신촌(파란색 원)에 '총독 관저(이후 군사령관 관저로 용도 변경됨)'가 들어섰음을 알 수 있다. 또한 둔지미 신촌 남쪽의 정자동 마을은 군사령부 부지로 이어지는 도로 개설과

1906년 〈한국 용산 군용 수용지 명세도〉에 용산기지 공사를 마친 후 일제가 작성한 〈용산일본군용지도〉를 중첩시킨 결과

출처: 조선총독부 육지측량부 작성 1:10,000 〈조선지형도〉

함께 일본군을 위한 '숙소 부지'로 바뀌었다(빨간색 네모). 그런데 둔지미 대촌은 둔지리(미)로 명칭이 바뀌었음을 알 수 있다. 이 마을도 훗날의 일이지만 1916경 일본군 상주 사단의 편성으로 용산기지가 확장되는 과정에서 인근의 보광리로 모두 강제 이전된다. 아래는 둔지미 신촌과 정자동 마을이 일본군에 의해 강제 수용당했을 당시의 신문기사들이다.

인민호소

남서 둔지미에 사는 백성 100여 명의 기지(터전, 땅)가 군용지로 들어감은 전보에 게재하였거니와 엄동을 당하여 미처 옮기지 못하고 성화같이 재촉을 하는 고로 집을 건축할 땅을 인허하여 달라고 어제 백성들이 내부(內部) 군용지 조사국에 호소를 하였다더라.

- 『대한매일신보』, 1908년 2월 20일

우일비경(又一悲境: 또 하나의 슬픈 광경)

한성 서서 둔지미에 백성의 집 백여 호가 군용지에 들어갔는데 언 땅이 녹지도 아니하고 미처 이사할 기지를 작정치 않았는데 일본인들이 가옥을 철거하는 것을 몹시 독촉하니 수백여 명 백성의 길가에 나앉아 호곡할 지경이라 하니 슬프다 어느 때나 이런 소문을 듣지 아니할고.

- 『해조신문』, 1908년 3월 28일

한성부윤 장헌식 씨가 학부(學部)에 보고하되 남서 둔지동 주민의 가옥 120여 호가 군용지에 들어가 장차 훼철되는바 봄 농사일을 앞두고 군용지 수용 시기가 점점 다가왔으니 해동(둔지동) 부근에 있는 학부 소관 땅을 얼마 나누어서 백성으로 하여금 살 만한 곳을 정하게 하라 하였다더라.

- 『황성신문』, 1908년 4월 1일

불쌍한 백성

서부(남부의 오기-필자) 둔지미 군용지로 들어가 인민의 가옥 700여 호를 훼철하는데 그 주민 천여 명이 주거할 곳이 없어서 길로 다니며 호흡하는 정세는 진정 볼 수 없다더라.

-『대한매일신보』, 1908년 5월 10일

위 신문기사에 따르면 1908년경 약 백여 호에서 수백 호 규모의 둔지미 마을이 군용지로 강제 수용되어 거주민들이 삶의 터전을 잃어버렸음을 알 수 있다. 물론 그 과정 속에서 둔지미 주민들이 당한 고통과 아픔은 이루 말로 표현할 수 없을 것이다.

결국 둔지산 자락 양지바른 곳에 조상 대대로 터를 일구며 살아왔던 둔지미 마을은 용산기지 조성 과정 속에서 흔적도 없이 사라지고 이후 이곳에는 한반도를 영구 지배하려 했던 총독 관저(통감 관저)를 비롯한 일제의 수많은 군사시설이 들어서게 되었다.

11
둔지미 신촌에 일제의 통감 관저가
들어서려 했던 이유는?

둔지미 신촌 주민들을 모두 쫓아낸 일본군(한국주차군사령부)은 이듬해인 1909년 3월, 이토 히로부미의 한국통감부와 협의 후 용산기지 내 통감 관저 공사를 진행한다. 일본 육군성의 지시를 받은 한국주차군사령부는 1909년 3월 말 한국통감부와 협의 후 용산 통감 관저의 설계를 맡았다. 용산 통감 관저의 공사는 군 병영 건축 경험이 많은 시미즈구미(淸水組)라는 일본 건축회사가 한국통감부로부터 수주를 받아 공사를 개시했다. 형식상 한국통감부를 통감 관저 공사의 주무 부서로 볼 수 있으나 실제로는 일본 육군성이 처음부터 용산기지 내 통감 관저를 기획하고 준비했던 것이다. 즉, 일본 육군대신의 위치에 있으면서 용산기지 건설과 한국 식민지화의 중추적인 역할을 맡았던 데라우치가 애초부터 용산기지 내 통감 관저를 설치하려 했던 것으로 볼 수 있다. 그렇다면 이러한 해석을 뒷받침하기 위해 당시 시대 정황을 잠시 살펴볼 필요가 있다. 이즈음

일본군사령관 관저 모습 1924년 5월 9일 자 사진엽서에 보이는 일본군사령관 관저 모습이다. 이 건물은 둔지미 신촌을 밀어내고 애초 일제의 통감 관저(총독 관저)로 건축되었으나 이후 조선 주둔 일본군사령관 관저로 바뀐다. 사진엽서 하단에는 '(조선 명소) 경성 용산 군사령관 관저(Official Residence of Commander)'라고 쓰여 있다.

출처: 김천수·차상석

일본의 정치 상황은 한국문제를 둘러싸고 이토 히로부미를 따랐던 문치파(점진적 합방론을 주장)와 야마가타 아리토모(山縣有朋)를 중심으로 한 무단파(즉각적 합방론을 주장)로 나뉘어 있었다. 1909년 6월 이토 히로부미는 통감직을 사임하면서 일본으로 돌아간다. 이토를 중심으로 한 문치파의 통감 정치가 일본 군부 강경파들의 견제를 받다가 결국 좌절되면서 데라우치를 중심으로 한 무단파의 군부가 주도권을 잡았기 때문이다. 따라서 이러한 시대적 상황을 감안한다면 명목상으로는 이토 히로부미의 한국통감부가 통감 관저를 건설한 것으로 나오지만 실상은 군부의 실세이자 한국강제병합에 막강한 영향력을 행사했던 데라우치가 용산 통감 관저를 짓고자 했던 것으로 볼 수 있다. 특히, 한국주차군 경리부가 통감 관저 설계를 진행했다는 점을 봐서도 이토의 한국통감부가 아니라 일본 군부의 입김이 애초부터 강하게 작용했던 것으로 볼 수 있다. 게다가 용산기지 공사 후 일본군이 남긴 『조선주차군 경리부역사』(1915)라는 자료에서도 한국주차군 경리부가 용산통감관사 건축 업무를 위임받았다고 분명하게 기록하고 있다.

한국의 강점과 식민지화를 이루기 위해 치밀하게 준비를 해 온 데라우치는 결국 이듬해인 1910년 5월 일본 육군대신을 겸임한 상태에서 제3대 한국통감으로 임명된다. 이것은 일제의 대한반도 정책에서 데라우치를 비롯한 무단파가 한국에 대한 확실한 기득권을 형성하게 된다는 의미였다. 7월 23일 데라우치는 서울에 도착해 초대 조선총독이 되어 무소불위의 권능을 가지고 무단통치를 펼치게 된다. 이러한 상황 속에서 1910년 8월 대한제국의 국권이 피탈되면서 통감 관저는 '총독 관저'로 명칭이 바뀐다. 동시에 일제는 대한제국이라는 국호를 없앤 뒤 '조선'으로 통칭하고 대한제국 황실 또한 이왕가(李王家)로 격하시켰다. 그리고 1912년 5월 용산기지 내 한국주차군사령부 맞은편(현 용산기지 사우스포스트 121병원 부지)에 건축한 하세가와의 한국주차군사령관 관저와 둔지미 신촌을 밀어내고 들어선 총독 관저(통감 관저)를 서로 맞바꾸게 된다. 이로써 육군성(데라우치)의 '희망대로' 총독 관저는 일본군사령관 관저로 용도가 완전히 바뀌었다. 앞의 1914년 〈용산일본군용지도〉에는 '총독 관저(總督官邸)'로 표시되어 있고, 1915년 〈조선지형도〉에는 총독 관저가 아닌 '군사령관 관저'로 표시되어 있는 이유다. 달리 말해, 당시의 시대적 상황과 배경을 이해하지 못하면 용산기지의 역사와 공간을 제대로 읽을 수 없다는 얘기이기도 하다.

결국 이토 히로부미를 중심으로 한 문치파의 통감정치가 좌절되고 데라우치와 같은 일본 무단파의 군부가 주도권을 잡은 시대적 상황이 총독 관저(통감 관저) 건축에 그대로 반영된 것이다.

그럼 일제강점기 일본군사령관 관저로 사용될 당시 이곳에는 어떤 역사가 있었을까? 참고로 일본군사령관 관저의 공식 명칭은 1910년부터 1917년까지 '조선주차군사령관 관저'였고 1918년부터는 '조선군사령관 관저'였다. 이곳에는 우리가 잘 아는 윤봉길 의사와 연관된 역사가 배어 있다. 1932년 4월 29일 상하이 의거 직후 윤봉길 의사를 일본 가나자와(金澤)로 끌고가 잔인하게 사형집행을 주도했던 우에다 겐키치(植田謙吉)라는 일본군사령관이 바로 이곳에서 거주했다. 잘 알다시피 그날은 일본 왕의 생일인 천장절 축하와 일제의 상하이사변 전승을 기념하는 자리였다. 우에다는 상하이파견군 제9사단장으로 참석했다가 윤봉길이 던진 물통 폭탄에 큰 부상을 당했다. 그리고 일본군 제9사단 본거지인 가나자와로 돌아가 부상에서 회복된 후 1934년경에 용산기지 일본군사령관(당시 명칭은 조선군사령관)으로 부임한다. 윤봉길에 대한 복수심으로 가나자와 교외 육군 공병작업장에서 윤봉길 의사를 총살시킨 우에다가 한국에, 더욱이 조선 주둔 일본군 총사령관으로 와서 어떤 일들을 했을지는 굳이 긴 설명이 필요 없을 것이다. 우에다뿐만 아니라 1931년 만주 침략 확대에 큰 역할을 했던 하야시 센주로(林銑十郞) 군사령관도 이곳에서 근무를 했다. 하야시는 훗날 일본 정계의 최고 위치인 내각총리대신까지 올라가는 인물이다. 게다가 이곳에서 일본군사령관을 역임했던 미나미 지로(南次郞)와 고이소 구니아키(小磯國昭)는 훗날 각각 제7, 8대 조선총독이 되어 무단 식민 통치의 최고 수반이 된다. 특히 조선총독은 대다수가 일제 군부 출신으로 조선군사령관과 인맥상으로 분리될 수가 없었다. 그리고 흥미롭게도 3·1운동이 일어났던 1919년 10월, 우쓰노미야 다로(宇都宮太郎) 조선군사령관이 상하이임시정부를 파괴하고자 독립운동가 범재 김규흥(김복)을 회유하려고 다섯 차례 만남을 가졌던 곳도 바로 이곳이다. 1938년 4월 24일 자, 1939년 10월 11일 자 『동아일보』 기사에는 대한제국의 마지막 황태자 영친왕 이은(李垠)과 이방자 여사가 군사령관을 예방하기 위해 이곳에 들렀다는 내용도 있다. 기타 이곳에서는 아직도 우리가 모르는 무수한 식민지 시기의 역사가 배어 있다. 한마디로 이곳은 일제 무단 식민통치의 핵심 인물들이 거쳐 갔던 본거지였던 것이다.

1946년 〈미군지도〉에 보이는 일본군사령관 관저의 위치(파란색 점선)
출처: 미국 텍사스대학 도서관

1949년 일본군사령관 관저의 모습

출처: Norb-Faye

그렇다면 해방 이후에 이곳은 어떤 모습으로 바뀌었을까? 해방 직후 이곳의 역사를 자세히 증명해 줄 문서는 아직까지 발굴되지 않았다. 다만 주한미군들이 남긴 1949년 일본군사령관 관저의 전경 사진을 보면 해방 정국에도 여전히 건재했음을 알 수 있다. 당시 이곳이 어떠한 용도로 사용되었는지는 현재로서는 알 수 없지만, 1949년 6월 말 주한미군이 한반도에서 모두 철수하게 되자 곧이어 을지로에 있던 대한민국 국방부와 육군본부가 용산기지로 이전하면서 6·25전쟁이 발발하기 직전까지 우리가 잠시 주인이 된 적도 있었다. 아마 그 시기는 한국군 시설로 사용되었을 것이다.

이후 6·25전쟁이 발발하면서 용산기지는 큰 전쟁 피해를 입었다. 이

6·25전쟁 이듬해인 1954년 7월 17일 일본군사령관 관저 전경. 일본군사령관 관저는 6·25전쟁 시기 폭격으로 파괴되어 방치된 상태로 있다가 1950년대 후반 미8군장교클럽이 이 일대에 새롭게 들어서게 된다.

출처: 미국 국립문서기록관리청(NARA)

과정 속에서 위 사진과 같이 일본군사령관 관저도 폭격을 받아 큰 피해를 입었다. 1950년대 후반 일본군사령관 관저는 결국 철거되었고 대신 미8군장교클럽이 이 일대에 들어섰다. 현재는 주한미군 드래곤 힐 호텔이 이 부근에 자리 잡고 있다.

그런데 정말 흥미롭게도 과거 일본군사령관 관저를 지키던 일본군 초소와 석물들이 현재도 호텔 입구를 장식하고 있다. 대체 이게 어떻게 된 일일까? 단순히 미군들이 장식용으로 남긴 것일까? 아니면 일제의 패망 이후 주한미군이 용산 시대의 서막을 열었다는 것을 상징적으로 보여 주기 위해서였을까? 의도가 어떻든 간에 조선시대 둔지미 마을의 역사로부터 통감(총독) 관저와 일본군사령관 관저를 거쳐 미8군장교클럽과 드래곤 힐 호텔이 들어서기까지 이곳은 그야말로 용산기지가 거쳐 온 질곡의 100년 역사를 그대로 보여 주고 있다. 물론 이곳을 방문하는 대다수의 사람들은 이러한 역사를 알지 못하며 당시의 흔적이 남아 있다는 것도

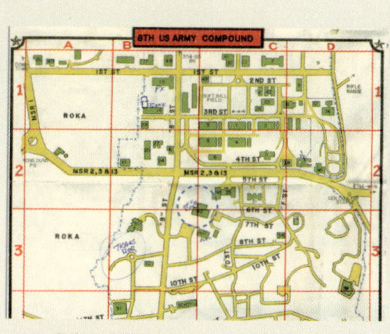 

1960년대 용산기지 지도와 미8군장교클럽 전경 일본군사령관 관저를 철거하고 들어선 미8군장교클럽(지도의 파란색 표시 부분)은 한국 대중음악의 산실이자 요람이었다. 당대를 풍미했던 수많은 가수들이 이곳을 거쳐 갔다.

출처: 서울역사박물관(왼쪽), 미국 국립문서기록관리청(NARA)(오른쪽)

일제강점기 용산 일본군사령관 관저 입구   **오늘날 용산기지 내 드래곤 힐 호텔 입구 전경**

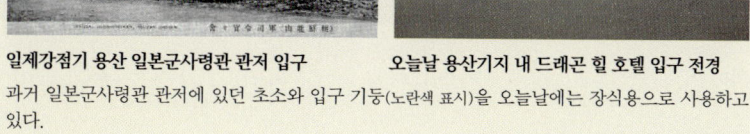
과거 일본군사령관 관저에 있던 초소와 입구 기둥(노란색 표시)을 오늘날에는 장식용으로 사용하고 있다.

출처: 김천수·차상석(왼쪽)

· 87

전혀 모른다. 하지만 만약 우리가 이러한 역사를 알게 된다면 이 땅의 의미가 좀 더 새롭게 보이지는 않을까.

일본군사령관 관저를 거쳐 간 주요 인물들

우쓰노미야 다로
(재임 1918.7.24~1920.8.16)

미나미 지로
(재임 1929.8.1~1930.2.22)

하야시 센주로
(재임 1930.12.22~1932.5.26)

우에다 겐키치
(재임 1934.8.1~1935.12.2)

고이소 구니아키
(재임 1935.12.2~1938.7.15)

1945년 9월 9일, 항복문서에 서명하기 위해 조선총독부에 입장하는 **고즈키 요시오 모습**
(재임 1945.4.7~1945.9.9)

출처: commons.wikimedia.org, 미국 국립문서기록관리청(NARA) (맨 아래 오른쪽)

12

용산기지에 남아 있는
일제침탈 흔적 들여다보기

1) 일제 무력의 심장부, 조선군사령부 청사 터

일제의 조선군사령부는 러일전쟁 시기 대한제국을 무력으로 강점하기 위해 창설된 한국주차군사령부로부터 시작했다. 한국주차군사령부는 이후 조선주차군사령부(1910), 조선군사령부(1918), 제17방면군사령부 및 조선군관구사령부(1945) 등으로 이름을 바꿔 오면서 식민지 조선을 무력으로 통치했던 일본군 최고사령부였다. 식민 통치 권력의 최정점에 섰던 일본군사령관이 집무를 보고 각 참모들이 근무를 했던 곳, 즉 조선군사령부 청사는 그야말로 '무단 통치의 심장부'라고 할 수 있다. 조선군사령부 청사는 용산기지의 기본 틀이 완성될 즈음에 다음 사진처럼 1908년 목조 2층 규모로 준공되어 둔지산 서남쪽 끝자락 낮은 구릉지에 자리 잡았다. 오늘날 용산우체국에서 미군기지로 들어가는 용산기지 14번 게이트 입구이다(현 용산공원 부분 개방 부지 입구). 물론 현재 옛 조선군사령부 청사

일제강점기 조선군사령부 청사 모습 일제의 조선군사령부는 러일전쟁 직후 '한국주차군사령부'라는 이름으로 창설되어 한국 침략의 지휘부이자 한반도 무단 식민 지배의 심장부 역할을 담당했다.

출처:『조선사단창설기념호』, 1916, 국립중앙도서관 소장

오늘날 용산미군기지 내 조선군사령부 청사가 있던 자리의 모습 조선군사령부 청사는 6·25전쟁 때 파괴되어 현재는 흔적도 없고 잔디만이 무성하다.

는 남아 있지 않고 청사가 있던 자리엔 잔디만 무성히 깔려 있다.

　1927년 〈용산시가도〉를 보면 조선군사령부 청사는 용산역을 바라보고 자리를 잡았다(빨간색 네모). 일제가 처음부터 용산역과의 관계를 고려했기 때문이다. 잘 알려져 있다시피 용산역은 일제강점기 한반도 철도의 중심으로 유라시아로 연결되는 중심지이자 거점역이었다. 일제는 러일전쟁 개시와 동시에 둔지방 일대를 강제 수용해 가장 먼저 군용경의선과 철도기지를 구축하였다. 그 후 용산기지를 조성하고 1908년경 조선군사령부(당시는 한국주차군사령부)를 남산 필동에서 용산역 인근으로 이전하였다.

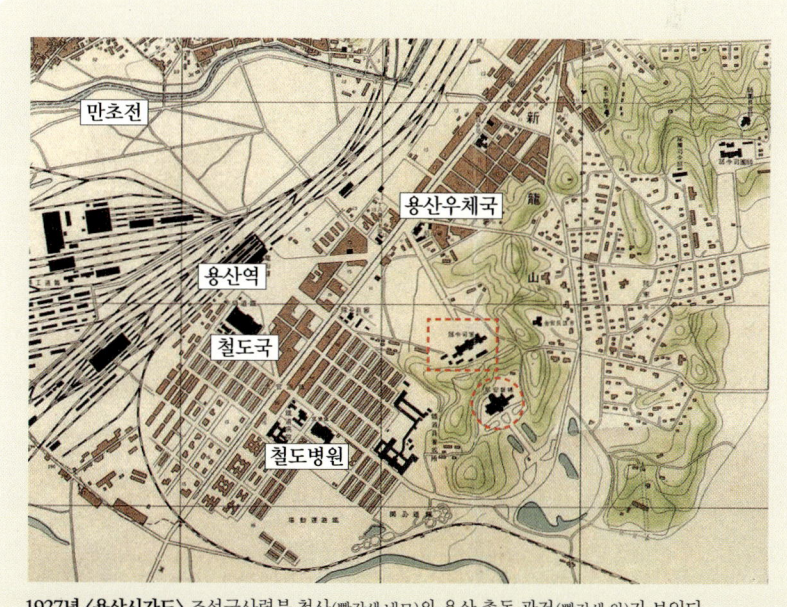

1927년 〈용산시가도〉 조선군사령부 청사(빨간색 네모)와 용산 총독 관저(빨간색 원)가 보인다.
출처: 서울역사박물관

한편 조선군사령부 청사와 등을 맞대고 맞은편에 위치한 용산 총독 관저(빨간색 원)는 동남향으로 한강을 굽어보는 위치에 건축되었다. 뒤에서 설명하겠지만 용산 총독 관저는 애초 한국주차군사령관 하세가와의 군사령관 관저로 건축되었다가 이후에 용산 총독 관저로 용도가 바뀌게 된다. 용산 총독 관저 앞에는 인공호수를 파고 그 주위로는 아름다운 나무들로 조경을 하였다. 이는 조선군사령부가 용산역과 인접해 시내에서 잘 보이는 위치를 점유함으로써 군사적 권위를 상징한 반면에, 용산 총독 관저는 수려한 한강의 경치와 풍광을 배경으로 각종 행사와 연회를 열 것을 염두에 두고 있었기 때문이다.

그렇다면 조선군사령부는 대체 한국인들에게 어떤 존재였을까? 조선군사령부는 일제의 한국 강점과 의병 탄압의 핵심 지휘소로서 대한제국을 병합시키는 데 결정적 토대를 제공했다. 또한 대한제국을 강제병합한 이후 식민지 조선인들의 삶을 통제하고 군사적으로 지배했으며 예하에 나남 제19사단과 용산 제20사단을 두어 수많은 한국인과 독립군을 탄압했던 총지휘소였다. 특히 3·1운동 때 수원군 제암리학살사건처럼 조선군사령부는 한국인의 독립운동을 무자비하게 진압하고 탄압했다. 나아가 간도 침략, 만주사변, 중일전쟁, 아시아태평양전쟁 때에도 침략의 선봉에 서거나 후방을 지원했다. 일제의 대륙 침략과 아시아태평양 전쟁의 소용돌이 속에서 조선군사령부의 역할은 더욱 확대됐다. 특히 1942년부터 일본군의 전황이 나날이 악화하자 급기야 일제는 조선인 청년들을 침략전쟁의 총알받이로 내몰았다. 조선군사령부는 식민지 조선인을 침략전쟁에 동원하기 위해 무엇보다 조선인의 정신을 완전히 뿌리 뽑고자 했다. 이를 위해 조선총독부와 협력하여 내선일체, 황국신민화운동을 적

1948년 9월 24일 미7사단사령부 청사 일대 전경 일제강점기 조선군사령부 청사였던 이 건물들은 1949년 6월 말 주한미군 철수 직후부터 6·25전쟁 발발 전까지 '대한민국 국방부 및 육군본부 청사'로 사용되다가 전쟁 때 피아 간의 공방 속에서 폭격으로 파괴되었다.

출처: 미국 국립문서기록관리청(NARA)

극적으로 계획하고 추진했다. 또한 조선군사령부는 업자들과 협력하여 조선인 여성을 모집해 일본군 '위안부' 수용소로 보내기도 했다.

이처럼 조선군사령부가 한국민에게 끼친 해악과 만행은 필설로 형언할 수 없을 정도다. 요컨대 우리가 조선군사령부의 역사를 바로 알지 못하면 일제의 한국 강점과 무단 식민 지배의 역사를 제대로 이해할 수 없다. 그렇기에 조선군사령부 청사가 있던 이 장소와 그 역사적 의미를 결코 가볍게 봐서는 안 되는 것이다.

그럼 해방 이후 조선군사령부는 어떻게 되었을까?

1945년 8월 일제의 패망과 함께 미국과 소련은 일본군의 무장 해제와 항복 접수를 위해 38선을 기준으로 남한과 북한에 각각 진주했다. 비록 우리가 국내외에서 끊임없이 독립운동을 전개했지만 결국 우리 손으로 주권국가를 세우지 못했기에 미·소에 의해 한반도가 분할 점령되었다. 용산기지에는 존 리드 하지(John Reed Hodge) 중장이 이끄는 미 제24군단 예하의 미7사단 병력이 들어왔고 미군정을 위한 임시기지로서 '캠프 서빙고(Camp Sobbingo)'라고 새롭게 명명되었다. 이때 일제의 조선군사령부 청사는 주한미군들을 위한 미 7사단사령부 청사로 바뀌었다. 미군은 기존 일본군 시설과 인프라를 그대로 활용했다. 미7사단은 미군정기 38선 경계 임무뿐만 아니라 미군정의 핵심 역할을 담당했던 부대였다.

1948년 8월 대한민국 정부가 수립되고 이듬해 미 군사고문단(KMAG: Korean Military Advisory Group)을 제외한 모든 미군이 한반도에서 철수했다. 이에 용산기지(캠프 서빙고)가 텅 비워짐에 따라 1949년 7월, 당시 중구 을지로 신한공사 건물(구 동양척식주식회사 건물)에 있던 대한민국 국방부와 육군본부가 용산기지로 이동했다. 이때 우리 국방부는 별도로 청사를 신축하지 않고 기존 미7사단사령부 청사(구 조선군사령부 청사)에 자리 잡고 6·25전쟁 발발 전까지 약 1년간 용산기지의 주인이 되어 국방과 건군의 토대를 세우게 된다.

전쟁 기간 북한군과 중공군이 용산기지를 점령하는 우여곡절을 겪으며 피아 간의 공방 속에서 청사는 폭격을 받아 폐허가 되었다. 이렇게 보면 일제 때 조선군사령부 청사는 해방 직후 미7사단사령부로, 미군 철수 후 다시 대한민국 국방부와 육군본부로 사용되다가 전쟁의 소용돌이 속에서 사라진 것인데 그야말로 격동의 한국근현대사를 그대로 보여 준다.

조만간 이곳은 용산공원 개방 부지로서 일반 시민들에게 공개되어 누구나 자유롭게 방문할 수 있게 된다고 한다. 그때 용산공원 속 옛 조선군사령부 청사 터는 어떻게 변해 있을까. 이곳의 역사를 기억하고 알려 주는 안내판이라도 하나 서 있을지 아니면 역사의 망각과 무관심 속에서 여전히 방치되어 있을지 무척 궁금해진다.

2) '용산아방궁'의 흔적, 용산 총독 관저 터

용산 총독 관저는 일제강점기에 '용산아방궁'으로 불렸던 곳으로 한국의 아픈 근대사를 상징적으로 보여 주는 장소다. 용산 총독 관저는 애초 러일전쟁 직후 한국주차군사령관으로 부임해 무단 통치로 악명을 떨쳤던 일본군사령관 하세가와가 지은 유럽형의 초호화 건물이었다. 이 건물은 하세가와가 러일전쟁의 승리 이후 남은 군사비로 지은 것으로, 원래는 자신을 위한 군사령관 관저용이었다. 그러나 하세가와의 의도와는 달리 한국강제병합 직전 일본 육군대신이자 초대 조선총독인 데라우치의 지시로 둔지산 자락에 있던 둔지미 신촌을 밀어내고 그 자리에 신축한 통감 관저(총독 관저)와 서로 맞바꾸게 된다. 이렇게 됨에 따라 하세가와의 군사령관 관저는 용산 총독 관저로 바뀌고 총독 관저가 일본군사령관(조선군사령관) 관저로 용도가 바뀐 것이다. 이처럼 용도가 바뀌게 된 이유는 뭘까? 두 가지 정도로 생각해 볼 수 있다. 첫째, 용산 총독 관저를 한반도의 무력 거점인 용산기지 내 조선군사령부 청사 곁에 위치시켜 철저한 군사적 보호를 받을 수 있게 하기 위해서, 둘째, 조선총독과 군사령관 사이 긴밀한 정치·군사적 협의가 있을 때마다 중요한 공간으로 사용

일제강점기 용산 총독 관저 전경

출처: 김천수 · 차상석

하기 위해서이다. 하지만 애초 하세가와의 군사령관 관저로 지었던 용산 총독 관저는 건물을 너무 호화롭게 짓는 바람에 행사용 공간으로 전락하고 말았다. 이런 이유로 역대 조선총독들은 용산 총독 관저 대신 남산 왜성대 총독 관저를 줄곧 사용하였다. 남산 왜성대 총독 관저도 내력을 알아 둘 필요가 있는데 이 건물은 처음에는 이토 히로부미의 통감부 청사였다가 한국강제병합을 전후로 총독 관저로 사용됐다. 1910년 8월 데라우치와 이완용 사이의 한국강제병합조약이 이 건물에서 조인되었고, 1939년 9월 경복궁 후원에 신축 총독 관저(옛 청와대 부지)가 들어서기 전까지 역대 조선총독이 머물렀다.

용산 총독 관저 자리에 들어선 오늘날 주한미군 121종합병원 모습

한편, 앞서 언급했듯 용산 총독 관저를 너무 호화롭게 짓다 보니 용산 총독 관저는 주로 연회 공간으로 이용되었다. 가령 1910년 7월에 데라우치 통감이 부임했을 당시 이곳에서 축하피로연이 벌어졌고, 한국강제병합 이후로는 천장절 축하연이나 만찬회 등이 빈번히 개최되었다. 그때마다 창덕궁 이왕으로 격하된 순종황제와 조선의 마지막 황후였던 순정효황후가 이곳까지 행차하였다. 1937년 중일전쟁 발발 직후에는 이건(고종의 다섯째 아들 의친왕 이강의 장남)의 만찬회를 용산 총독 관저에서 개최하기도 했다. 즉 이곳은 단순히 일제 침략의 역사만이 아닌 우리의 아픈 근대사와도 관련이 있는 장소인 것이다.

1930년대 하늘에서 본 용산 총독 관저 전경

출처: 『일본지리풍속대계』, 1930

흥미롭게도 제7대 조선총독 미나미는 1936년부터 1941년 가을에 이르기까지 80세 이상의 장수 노인들을 전국에서 초대하여 이곳에서 성대한 경로잔치를 벌이기도 했다.

해방 이후 일본군이 물러가고 용산기지에 미군이 들어오면서 용산 총독 관저는 주한미군 위관장교 숙소로, 그 후에는 미 군사고문단 장교클럽으로 사용되었다. 그러다가 6·25전쟁 당시 폭격을 받아 다음 사진과 같이 폐허로 변했다.

그 후 1959년경 주한미군 병원이 이곳에 들어서면서 용산 총독 관저는 철거돼 역사 속으로 사라졌다. 현재 그 자리에는 앞의 사진에서 보는

1954년 7월 17일 용산 총독 관저 모습 6·25전쟁 당시 폭격으로 지붕이 날아갔다.

출처: 미국 국립문서기록관리청(NARA)

것과 같이 주한미군 121종합병원이 들어서 있다. 주한미군의 평택 이전 사업에 따라 병원에서 일하던 사람들마저 평택기지로 완전히 떠나가면서 현재는 병원 건물만 빈 채로 남아 있다.

향후 용산공원이 들어서면 미군이 사용하던 121병원을 철거하고 일제강점기 용산 총독 관저 터와 정원을 복원하고 그 주변으로는 수경시설을 배치할 계획이라고 한다(2020년 발표한 '용산공원 국제공모 당선 조성계획안' 참조). 용산기지에 얽힌 아픈 역사를 기억하고 치유하는 방식이 꼭 용산 총독 관저 터와 정원을 복원해야만 하는 것인지는 여러 이견이 있을 수 있다. 하지만 그 전에 이곳에서 무슨 일이 있었는지 이 땅에 얽힌 역사가 무엇인지를 한번쯤 되돌아보는 것이 우선이 아닐까.

3) 한국근현대사의 증언자, 조선군사령부 제2청사(옛 대한민국 육군본부 벙커)

용산우체국에서 용산미군기지로 들어가는 14번 게이트 앞에는 일제 말 일본군 정보작전센터였던 조선군사령부 제2청사 건물이 그대로 남아 있다. 얼마 전까지 한미군사동맹의 심장부인 한미연합군사령부에서

1948년 9월 24일 미7사단사령부 벙커 전경 빨간색 표시 건물은 원래 일제 말 조선군사령부 제2청사로 일본군 정보작전센터였다. 해방 후 미7사단이 용산기지에 진주하면서 미7사단사령부 벙커로 사용되었다. 1949년 중순 모든 주한미군이 철수하고 대한민국 국방부와 육군본부가 용산기지로 이전하면서 다시 대한민국 육군본부 벙커로 재활용된다.

출처: 미국 국립문서기록관리청(NARA)

조선군사령부 제2청사의 현재 모습 대한민국 육군본부 벙커로도 사용됐던 이 건물은 현재 '사우스포스트 벙커'로 불린다.

연습처로 사용했었던 이곳은 용산기지의 남쪽에 있는 벙커라고 해 줄곧 '사우스포스트 벙커(South Post Bunker)'로 불렸다. 이 건물은 6·25전쟁 직전 한때 대한민국 육군본부 벙커로도 사용됐던 곳이다. 이 건물과 관련해 필자의 개인적인 경험담을 잠깐 소개하겠다. 필자는 한때 한미연합군사령부에서 근무를 했는데, 당시 이 건물의 역사가 무척 궁금해 다수의 한국군과 미군들에게 건물에 대해 물어보았다. 이뿐만 아니라 저명한 군사연구가들과 역사학자들을 찾아 다니며 궁금증을 풀어 보려 했다. 하지만 이 건물의 역사를 자세히 아는 이가 없었다. 단순히 일제 때 일본군이 사용하다가 이후에는 미군이 사용했다는 사실 정도만 들을 수 있었다.

심지어는 일제 말 일본군이 독립투사에게 모진 고문을 가하고 이곳 지하에 시체를 내버렸다는 등 확인되지 않은 낭설과 풍문이 나돌기도 했다. 하기야 식민과 냉전 그리고 분단과 점령으로 점철된 용산기지의 역사에서 애환이 없는 건물이 어디 있겠느냐마는 이곳만큼 역사의 베일에 가려진 곳도 없을 것이다.

아래는 그간 필자가 밝힌 아주 간략한 사실들이다. 아직도 풀어야 할 미스테리가 많지만 이 벙커에 어떤 역사가 깃들어 있는지 한번 들여다보자.

조선군사령부 제2청사 건물은 일제가 아시아태평양 전쟁을 일으킨 직후인 1941~1942년 사이 일본군의 정보작전 실행을 목적으로 지은 2층 규모의 콘크리트 벙커다. 물론 지하시설도 갖추고 있다. 일본 방위성 방

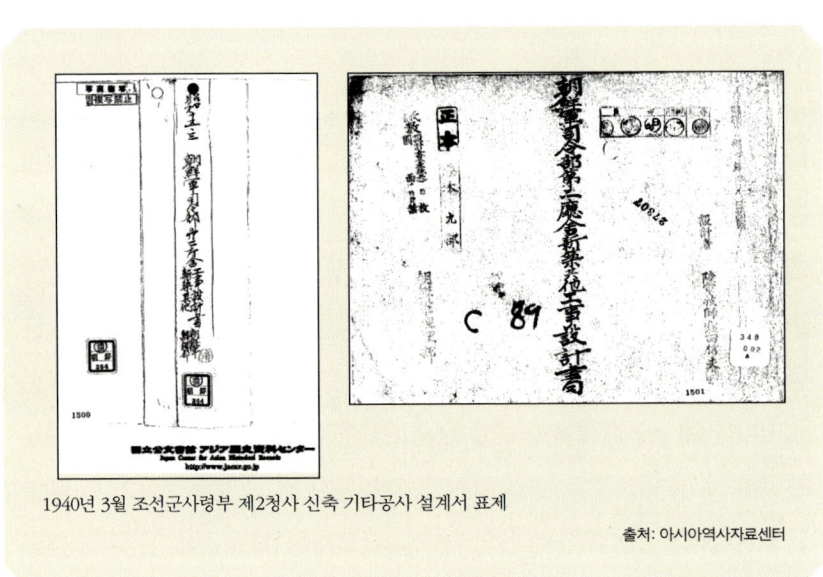

1940년 3월 조선군사령부 제2청사 신축 기타공사 설계서 표제

출처: 아시아역사자료센터

위연구소에 소장된 일본군 설계도면에서는 '조선군사령부 제2청사'로 표기되어 있다.

조선군사령부 제2청사의 건립 배경은 다음과 같다. 1941년 아시아태평양 전쟁이 발발하고 한반도가 전시체제기로 접어들면서 군사 관련 업무가 폭주했다. 특히 일본군(조선군사령부)은 전황이 불리해지는 가운데 미군의 공격과 공습 상황을 대비해야만 했다. 앞서 설명했듯이 조선군사령부 청사는 애초 목조 2층으로 그것도 1908년에 건축되었기 때문에 화재와 미군의 공습에 취약했다. 이에 일본군 지휘부는 미군의 공습에 대비하고 효율적인 정보작전을 펼치기 위해 조선군사령부 청사 앞에 지하벙커를 갖춘 육중한 형태의 콘크리트조 조선군사령부 제2청사를 새롭게 구축했던 것이다. 이 벙커에는 정보실, 작전실, 통신실, 경보실 등이 있어 일제가 전시 작전지휘를 효율적으로 하기 위한 용도였음을 쉽게 확인할 수 있다.

그렇다면 해방 후 조선군사령부 제2청사는 어떻게 되었을까?

일제의 패망 직후 미군이 용산기지에 진주하면서부터는 미 제24군단 예하의 미7사단사령부 막사로 사용되었다. 그러다가 1949년 6월 주한미군이 철수하면서 을지로에 있던 대한민국 국방부와 육군본부가 함께 이곳으로 옮겨 오면서 대한민국 육군본부 벙커로 다시 바뀌게 된다. 이 시기 이 건물은 우리 군의 심장이자 대북상황실 역할을 하는 육군본부 정보작전센터로 거듭났다. 특히 6·25전쟁 발발 직전 1950년 여름 이곳 지하벙커에서는 훗날 각각 대통령과 국무총리가 되는 박정희 상황실장과 김종필 북한반 선임장교가 근무하고 있었다. 당시 박정희는 군 내부 남로당 연루 혐의로 사형을 구형받았으나 백선엽과 김정렬의 도움으로 사형을 면해 이곳 육군본부 벙커에서 문관으로 일하고 있었다. 이곳을 사실상 박정희와 김종필의 인연이 처음 싹텄던 역사적인 장소로 볼 수 있다.

6·25전쟁 발발 후 3일 만에 북한군이 아군의 최후 방어선인 미아리 고개로 진입했다. 그러자 미처 대비를 제대로 못한 우리 육군본부는 국방부와 함께 용산기지를 떠나 수원으로 다급히 이동해야만 했다. 그런 가운데 육군본부는 1950년 6월 28일 새벽 한강다리를 폭파했고 이로 인해 수많은 인명피해가 발생했다. 이 일대는 그 결정이 이루어진 비극적인 역사의 현장이기도 하다. 2016년에 출간된 『김종필 증언록』에 따르면 "6월 28일 자정을 넘긴 새벽 육군본부 지하벙커에서 나와 한강인도교로 가려던 순간 한강다리가 폭파되어 차를 버리고 서빙고 나루터로 향할 수밖에 없었다"라고 당시의 긴박한 상황을 증언해 주고 있다.

6·25전쟁 기간 중인 1952년 미8군은 전쟁으로 파괴된 용산기지를 복구하면서 육군본부 벙커를 포함해 이 일대를 재건하였다. 그리고 정전협정 직후 미8군사령부가 서울 동숭동에서 용산기지로 다시 이전함에 따라 육군본부 벙커는 미8군 벙커로 용도 변경되어 미8군의 정보작전상황실로 기능하였다. 미8군 벙커는 5·16 군사정변 당시 한반도 유사시를 대비해 한국의 정치·군사 상황을 긴밀히 논의했던 곳으로 한국현대사를 지켜본 현장이기도 하다.

이처럼 이곳은 일제 말부터 미군정기와 6·25전쟁을 거쳐 5·16 군사정변에 이르기까지 질곡의 한국근현대사를 증언하고 있다. 또한 6·25전쟁 개전 초기의 대한민국 국방사와 한국전쟁사를 이해할 수 있는 중요한 역사적 장소이기도 하다. 지면이 부족해 다 설명을 할 수는 없지만 이곳은 박정희, 김종필뿐만 아니라 장도영, 김백일, 백선엽, 장창국, 채병덕 등 한국현대사와 연관된 다수의 인물들이 거쳐 갔던 현장이기도 하다. 얼마 전까지도 한미동맹의 심장인 한미연합군사령부에서 중요한 군사적 기능을 수행했던 장소라는 점에서도 결코 그 역사의 무게가 가볍지 않다.

그런데 이러한 역사를 간과한 웃지 못할 일도 있었다. 2012년 자연과 역사 그리고 문화의 치유를 주제로 당선된 용산공원 설계안에는 이 일대가 한때 놀이공원(U-eco play park) 구역으로 설정되기도 했다. 이촌역과 신용산역이 연결되는 지점으로 각종 스포츠 필드가 있고 젊음의 문화를 담을 수 있는 역동적인 장소라는 이유에서였다. 물론 그 당시에는 이 일대의 역사적 배경을 전혀 몰랐고 기초 수준의 밑그림만 그린 공원 설계안이었기에 이곳을 놀이공원으로 만든다는 계획을 세웠었다. 용산공원 계획안도 10여 년이 경과하며 그간 많은 발전과 진화를 거듭해 왔다. 지금은 이곳의 역사성과 장소성을 보다 잘 살릴 수 있는 방향으로 계획 중이라고 한다. 천만다행이 아닐 수 없다. 이곳이야말로 지난날 아픈 역사의 상처를 잘 보듬을 수 있는 평화의 장소로 거듭나야 하지 않을까 한다.

4) 용산기지의 수수께끼, 방공호 터널

용산기지에는 아직까지 풀리지 않은 역사의 수수께끼가 많이 남아 있다. 그 가운데 하나가 조선군사령부와 용산 총독 관저를 잇는 방공호 터널이다. 이 방공호 터널은 정확히 언제 어떻게 어떤 연유로 건설되었는지 아직도 밝혀지지 않고 있다. 다만 일제 말 미군의 공습에 대비하고 전시에 일본군 지휘부가 작전을 펼치기 위해 비상용으로 건설한 것으로 추정하고 있다. 6·25전쟁 이후 주한미군들도 이 방공호를 일정 시기까지 대피용 방공호로 사용했다.

잘 알다시피 일제는 전시체제기 말 전황이 불리해지자 본토결전(미군의 본토공격, 즉 일본에 대한 공격을 예상해 마지막까지 싸우겠다는 일본의 작전)을 대비하고 미군의 공습을 신속히 피하기 위해 한반도 주요 요충지에 수많은 방공호와 지하시설을 건설했다. 일제는 전국 각지에 대공 포대 건설과 축성 작업을 개시하면서 수많은 한국인들을 강제동원하기도 하였다. 특히 방공호 건설과 관련해서는 1938년부터 서울(경성)에서 방공훈련이 실시되고 이듬해 경성에서 방공호전람회 개최를 시작으로 1941년에는 조선총독부 차원에서 방공호 건설을 본격적으로 계획했다. 조선총독부는 서울에 방공호 약 1만 개를 짓겠다며 방공호 건설을 독려하기도 했다. 일제 말에 만든

현재 남아 있는 방공호 터널 입구 전경

방공호 터널 내부에서 입구를 바라본 전경

　서울 지역의 방공호는 현재까지도 용산기지를 비롯해 서울역사박물관이 있는 경희궁 등 서울 각지에서 발견되고 있다. 용산기지의 수수께끼인 이 방공호도 이러한 시대적 상황 속에서 구축된 것이 아닌가 생각한다.
　특히 용산기지 내 남아 있는 이 방공호를 이용하면 용산 총독 관저에서 조선군사령부 청사와 조선군사령부 제2청사(일본군 정보작전센터)로 신속하게 이동할 수 있고, 무엇보다 유사시 방공호 내부에서 작전을 펼칠 수 있는 별도의 공간들이 마련되어 있다. 일제 말기 이 일대가 한반도에서 서열 1, 2위를 다툰 조선총독과 일본군사령관이 머물 수 있던 장소라는 점을 생각해 보면 이곳의 중요성은 새삼 말할 필요가 없다.
　필자는 용산기지에서 근무할 때 미군들과 함께 이 방공호를 몇 차례 들어가 본 적이 있다. 방공호 내부는 랜턴이 없이는 그야말로 한 치 앞도 보이지 않을 정도로 어두웠다. 오랜 세월이 흘러서인지 내부 콘크리트

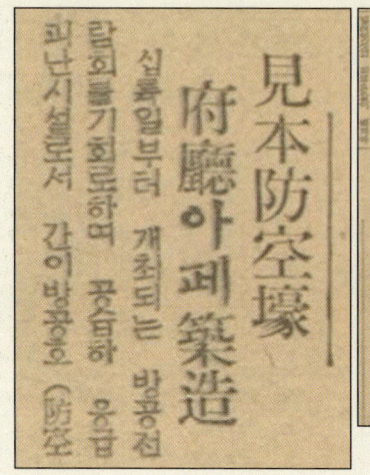

"견본방공호 부청 앞에 축조"(왼쪽), "방공전람회 개최"(오른쪽) 관련 기사

출처: 『조선일보』, 1939. 6. 14.

벽은 습기와 각종 벌레들로 가득했다. 방공호 안은 정말 무섭고 섬뜩했다. 일제 말 식민지 조선이 처한 현실도 이 방공호 안에서의 느낌과 비슷했을 것이다. 무엇보다 마음이 아팠던 것은 한국인들이 강제동원되어 쓴 것으로 보이는 글자(한글)가 군데군데 있고, 벽면 귀퉁이에는 방공호 터널을 시공했던 부대로 추정되는 '조선 제205부대 작업대 일동'이라는 글자가 새겨져 있다. 참고로 조선 제205부대는 수색에 주둔했던(옛 수색 국방대학교 자리) 독립공병 제23연대를 말한다. 일제가 남긴 『유수명부(留守名簿)』 등 강제동원자 명부를 보면 다수의 한국인들이 강제동원되었음을 확인할 수 있다.

이 방공호는 아직도 많은 베일에 싸여 있다. 그런 만큼 역사적 실체와

방공호 벽에 새겨진 '조선 제205부대 작업대 일동(朝鮮 第二○五部隊 作業臺 一同)' 글자

출처: 김성일

정확한 진상 파악이 우선 필요해 보인다. 그러기 위해 이 방공호에 얽힌 역사 사료 발굴과 연구 조사도 진행되어야 한다. 조만간 용산공원이 조성될 텐데 그때 이 방공호에 얽힌 수많은 역사적 진실들이 그대로 파묻히는 일만큼은 없기를 바란다.

5) 식민지 조선인 청년들의 한이 서린 곳, 일본군 제78연대 병영

용산기지 한가운데에는 '메인 포스트(Main Post)'라고 부르는 곳이 있다. 이곳은 얼마 전까지 한미연합군사령부를 비롯해 미8군사령부, 주한미

용산미군기지 내 남아 있는 옛 일본군 붉은 벽돌 막사(왼쪽)와 일제강점기 당시 모습(오른쪽) 지붕 박공에는 제국주의 일본군 상징하는 별 문양 표식이 그대로 남아 있다.

군사령부, 유엔군사령부가 함께 있던 한미동맹의 심장부였다. 6·25전쟁 이래 한국군과 미군은 한반도의 평화와 안정을 위해 이 붉은색 벽돌 건물들에서 함께 일하고 땀을 흘렸다. 그렇기에 이곳 건물들은 용산기지의 역사와 오늘을 잘 말해 주는 상징적인 장소다. 그런데 이 붉은색 벽돌 건물들에도 우리가 잘 모르는 역사와 사연이 있다. 이곳은 원래 일제강점기 일본군 보병 제78연대의 병영이자 막사였다. 우리를 침략한 일본군 보병들이 땀 흘리며 훈련받고 생활을 했던 공간이었다는 얘기다. 이 건물들은 일본군 용산 병영이 조성될 즈음, 지금으로부터 약 한 세기 전인 1908년에 준공된 건물들이다. 110여 년이 훨씬 지났지만 붉은색 벽돌 막사는 여전히 건재하다. 이 막사 건물은 사진과 지도에서 보듯이 일자형 2층 건물로 총 여섯 동으로 구성되었고, 일본군 보병 1개 대대가 두 동의 건물을 사용했다. 총 여섯 동이니 3개 대대가 모였고 이들이 1개 보병연대를 이루었다. 막사 한 동에는 약 300명 규모로 2개 중대가 생활했

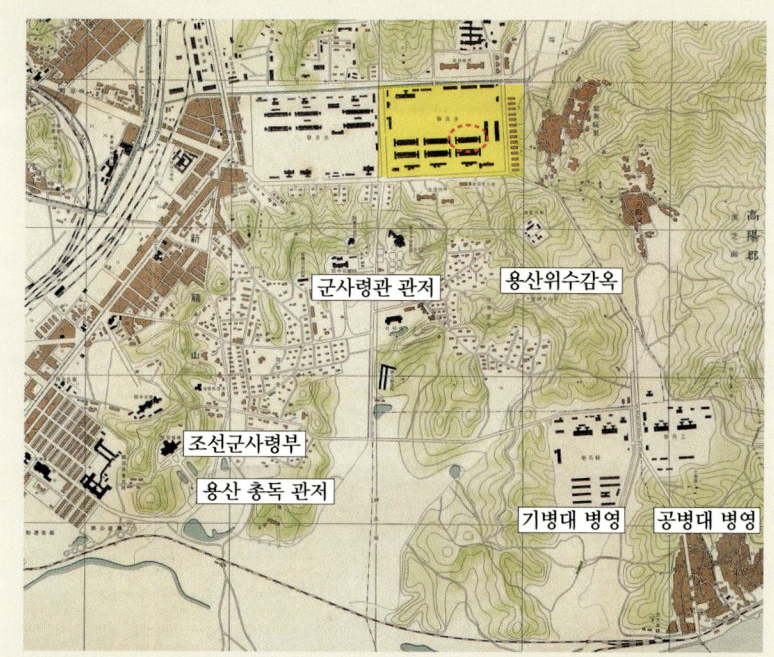

1927년 〈용산시가도〉에 보이는 일본군 제78연대 병영(노란색 표시) 빨간색 원으로 표시한 건물은 앞의 사진에 보이는 옛 일본군 붉은 벽돌 막사다.

출처: 서울역사박물관

다. 이곳에서 1944년에 일본군이 촬영한 영화 〈병정님〉을 보면 당시의 생활상이 아주 현실적으로 그려져 있다. 그런데 이곳을 일본군만 생활했던 곳이라고 생각하면 큰 오산이다. 이곳은 일본군들의 주 생활터로서만이 아닌 일제 말기 수많은 조선 청년들이 강제동원돼 훈련받고 땀 흘리며 생활했던 곳이기도 하다. 이곳에서 훈련받은 이름 모를 수많은 조선 청년들은 국내는 물론 일본, 만주, 중국, 태평양 등지의 전쟁터로 투입되어 일제 침략전쟁의 희생양이 되었다. 그들은 바로 우리들의 아버지이자 할아버지인 것이다. 지금 용산기지에는 전선 출정식 때 이용했던 '보행용

다리'가 한미연합군사령부 뒤편에 그대로 남아 있다. 그 다리를 건넜던 수많은 조선 청년들은 두 번 다시 고국땅을 밟을 수 없었다. 이런 가슴 아픈 역사를 알고 나면 붉은색 벽돌 하나하나가 결코 예사롭지 않게 보일 것이다.

그럼 해방 이후 이곳은 어떻게 사용되었을까?

해방과 동시에 한반도에 38선이 그어지고 미군정기에는 미군들의 막사가 되어 미7사단 예하 제32보병연대 병영으로 사용되었다. 제32보병연대는 당시 38선 경계임무를 담당했다. 1948년 대한민국 정부가 수립되고 이듬해 한반도에 주둔했던 모든 주한미군이 철수하자 국군 7사단과 수도경비사령부가 이곳에 자리 잡아 6·25전쟁 발발 전까지 수도 서울의 방위를 담당했었다. 물론 얼마 전까지도 한미동맹의 기치 아래 한미연합방위태세의 산실이자 심장부로 기능했다.

일제강점기 우리를 무력으로 지배했던 일본군들의 생활터전이자 나라를 잃은 식민지 조선 청년들이 땀 흘렸던 곳이며 해방 이후 분단과 미군

영화 〈병정님〉(1944) 중 전선 출정식 장면

현재도 그대로 남아 있는 보행용 다리

출처: 조선군보도부 제작 영화 〈병정님〉(왼쪽)

영화 〈병정님〉 중 조선인 청년들의 훈련 모습 이 장면은 용산기지에서 촬영했다. 〈병정님〉은 일제 말 군국주의를 선전하기 위해 만든 영화로 1944년 6월 16일에 개봉했다.

출처: 조선군사령부 보도부 제작 영화 〈병정님〉

정기 그리고 6·25전쟁을 거쳐 얼마 전까지 한미연합방위태세의 산실로서, 이곳은 그야말로 근현대사의 복잡한 기억을 간직한 장소가 아닐까 한다. 이런 의미에서 본다면 용산기지는 격동의 한국근현대사를 증명하는 살아 있는 교과서라고 말해도 결코 과장이 아니다.

이후 용산공원이 들어설 때 이 붉은색 막사들은 어떻게 될까? 과거 조선총독부 청사 건물처럼 철거될까? 아니면 다른 용도로 재활용이 될까? 그 결과가 매우 궁금하다. 무엇보다도 우선 이 역사의 현장을 시민들에게 충분히 그리고 천천히 공개하면서 이 건물과 장소가 가진 역사적 의미와 가치를 함께 탐색해 보는 시간을 가져 보면 어떨까 한다.

6) 용산기지에서 만나는 중국근대사, 일본군 공병대 병영

이태원 옆 녹사평에서 한강 서빙고 방향으로 가다 보면 한강중학교가 보인다. 한강중학교 앞에는 큰 미군기지가 하나 있다. 이 미군기지는 용산기지의 일부로 주한미군이 얼마 전까지 수송부로 사용했다. 수송부는 미군들이 병력이나 물자를 차량으로 운반하기 위해 설치한 차량부대를 말한다. 부지 면적은 대략 79,000제곱미터(23,900평) 규모로 꽤 넓다. 그런데 이곳에도 우리가 잘 모르고 또 알려지지 않은 역사가 있다.

이곳은 얼마 전까지 미군이 주둔하고 있었지만 일제강점기에는 일본군 공병대가 주둔했던 곳이다. 앞 사진과 같이 현재도 일본군이 사용했던 옛 일본군 공병대 막사 한 동이 그대로 남아 있다. 이 막사는 지금으로부터 약 100년 전인 1920년에 완공되었다. 대한제국을 강제병합했던 일제의 한국주차군은 1910년대까지만 하더라도 별도의 공병대 막사

장쭤린 폭살 사건의 역사를 품은 옛 일본군 공병대 부지 얼마 전까지 용산미군기지 수송부로 사용 되었으며 노란색 표시는 현재도 남아 있는 옛 일본군 공병대 막사이다.

가 없었다. 그렇기에 용산 보병연대 병영의 일부를 사용했다. 그러던 중 1920년대 한반도 일본군 2개 상주 사단 체제를 완성하며 용산에 제20사단을 편성하고 그 예하에 상설 공병부대와 주둔지를 설치했다. 당시 용산기지에 주둔했던 상설 공병대는 일본군 제20공병대대였다(훗날 제20공병연대로 확장). 공병대는 한강 서빙고 인근에 설치되었는데, 공병의 특성상 필요했던 도하 훈련과 폭파 훈련 등을 실행하기에 강 주변이 유리했기 때문이다.

그런데 이 용산 공병대는 우리가 잘 모르는 중국근대사와 관련한 에

일제강점기 한강에서 가교를 설치해 도하 훈련 중인 용산 주둔 일본군
출처: 김천수·차상석

피소드가 있는 곳이다.

1928년 6월 4일, 중국 베이징에서 장제스(蔣介石)의 북벌군에게 패배하고 만주 펑텐(奉天)으로 돌아가던 군벌 장쭤린(張作霖)이 일본 관동군의 음모로 폭살당하는 큰 사건이 발생했다. 바로 '장쭤린 폭살 사건'이다.

주지하다시피 1920년대는 중국에서 군벌 간 항쟁이 일어나 각지에서 군벌이 난립하던 시기였다. 1922년과 1924년에 펑텐 군벌과 즈리(直隷) 군벌 간에 항쟁이 일어나는 등 중국 정세는 매우 불안했다. 당시 펑텐 군벌 장쭤린은 군사력을 기반으로 세력을 확장해 베이징까지 지배하였고 1926년에는 베이징에서 대원수직에 취임하였다. 그런데 쑨원의 사망 후 실권을 장악한 장제스는 반군벌, 반제국주의를 내세우며 중국을 통일하려고 남쪽에서부터 베이징을 향해 진격하는 이른바 '북벌'을 개시했다. 장제스가 지휘하는 국민혁명군은 '북벌'을 개시하면서 장쭤린을 압박했

1922년 당시 펑톈 군벌 수령 시절의 장쭤린 / 장쭤린 폭살 사건 직후 모습

출처: commons.wikimedia.org

던 것이다. 장쭤린의 상황이 점점 불리해지자 당시 장쭤린을 막후에서 지원하고 있던 일본도 장쭤린에게 베이징을 장제스에게 넘겨주고 퇴각하도록 권고했다. 장쭤린은 마지못해 동의하고 장제스의 북벌군에 밀려 후퇴를 했다. 그렇지만 이때 일제의 관동군 참모들은 이러한 조치에 불만을 토로하면서 만주의 직접적인 지배권을 요구해야 한다고 주장했다. 당시 관동군은 중국의 군벌 대립을 조장해 만주를 일본의 식민지로 만들고자 했다.

국민당의 장제스가 북벌을 단행하고 차례차례 군벌들을 제압하자 일제 관동군은 급기야 장쭤린이 탄 기차를 폭파시켰다. 장쭤린이 더이상 이용가치가 없고 장쭤린의 존재가 만주 이권을 획득하는 데 위협이 된다고 느꼈기 때문이다. 관동군은 더 나아가 이 사건을 중국 국민당의 음모로 꾸며 만주를 직접 점령하려고 하였다. 그런데 이 폭살이 성공할 수 있었던 결정적 요소는 용산 공병대 소속 일본군들이 수백 킬로그램의 화약을 반출해 철로에 폭약을 장치한 것이었다. 다시 말해 이 사건은 일본 관동군이 주도했고, 서울 용산의 공병대가 가담한 사건이었다. 펑텐 군벌 장쭤린을 제거해 만주를 직접 지배하려 했던 관동군의 계략에서 용산 주둔 일본군 공병대가 최일선에 있었던 것이다. 당시 이 사건은 전 세계에 충격을 주며 모든 관심이 쏠렸고, 조선의 독립지사들도 이 사건에 흥분을 감추지 못했다. 왜냐하면 장쭤린은 일제와 손을 잡고 만주의 한국독립군을 압박했던 장본인이기도 했기 때문이다. 일찍이 장쭤린은 조선총독부와 미쓰야 협정(1925. 6. 11)을 맺어 만주의 한인 독립운동가들을 체포해 조선총독부에 넘겨주곤 했다. 이 협정으로 인해 남만주 지역에서 활동하고 있던 우리 독립군은 결정적인 타격을 받았다. 이에 반발한 독립운동가 김좌진은 신민부(新民府: 1925년 만주에서 조직되었던 독립운동 단체)를 장제스가 이끄는 국민혁명군으로 개편해 장쭤린을 타도하려 했을 정도였다. 그만큼 장쭤린은 만주의 독립운동가들에게 원흉이었다.

이러한 역사를 품은 이곳은 조만간 고밀도로 개발되어 흔적도 없이 사라질 것이다. 용산기지의 일부인 남영동 캠프 킴(Camp Kim, 옛 조선육군창고)도 얼마 전 같은 절차를 밟았다. 미군이 평택기지로 이전을 하기 위한 재원이 필요했기 때문이다. 머지않아 한국근대사뿐만 아니라 중국근대사와도 관련된 이곳은 흔적도 없이 사라질 것이다. 작게 보면 일제강점기 용산 주둔 일본군의 역사일 수 있지만 크게 보면 한국, 일본, 중국, 만주의 역사와도 연결되어 있다. 용산기지의 평택 이전과 재원 마련이라는 여러 복잡한 현실적인 문제가 있음을 모르는 바는 아니지만 이러한 역사의 실체를 아무런 고민 없이 지우겠다고 결정을 한 것을 보면 여전히 씁쓸한 생각을 지울 수가 없다.

7) 한반도 유일의 일본군 군사감옥, 용산위수감옥

용산위수감옥은 일제강점기 용산기지에 설치됐던 일본군 군사감옥이다. 이곳은 독립운동가들이 투옥됐던 서대문형무소와는 달리 군법을 어긴 일본군을 수감했던 군사감옥이었다. 국내에 남은 유일한 군사감옥이기도 하다. 위수감옥에서 '위수(衛戍)'는 군부대가 일정한 지역의 질서와 안전을 유지하기 위해 장기간 머무르면서 경비하는 일을 말한다. 우리 국토를 스스로 지키지 못하고 일본군이 주둔하며 '위수'를 했다는 점에서 마음이 불편해진다. 하지만 나라가 힘이 없을 때 어떻게 되는지 위수감옥이라는 명칭에서 역사의 교훈을 얻어야 할 것이다.

용산위수감옥은 어떤 역사를 갖고 있을까. 용산위수감옥은 용산기지 내 둔지산 기슭의 잘 드러나지 않는 위치에 한국강제병합 직전인 1909년에 설치되었다. 용산위수감옥은 위수감옥의 본부 격인 위수감옥 청사와 일본군 죄수를 수감했던 감방, 병든 죄수를 수감했던 시설인 병감, 죽은 시체를 보관하고 이동시키는 시체실과 시구문 등 합계 384평(약 1,200제곱미터) 규모의 붉은 벽돌 담장으로 이루어졌다. 총 부지 면적은 약 2천 평(약 6,600제곱미터)이었다. 그런데 이 위수감옥에 범죄를 저지른 일본군들만 수감된 것은 아니었다. 일제의 헌병보조원에서 의병으로 투신해 경기도와 강원도 일대에서 큰 활약을 펼쳤던 의병장 강기동(1884~1911)도 이곳에 수감되었다. 강기동 의병장은 김구의 『백범일지』와 박은식의 『한국독립운동지혈사(韓國獨立運動之血史)』에도 등장할 정도로 유명한 의병이다. 게다가 일제의 의병 탄압 기록인 『폭도에 관한 편책』과 당대 신문기사에도 자주 언급됐던 의병장이었다.

용산위수감옥의 붉은 벽돌 담장(왼쪽)과 시체가 나가던 시구문(오른쪽)

용산위수감옥 내 아픈 죄수를 수감했던 병감 건물

강기동은 원래 일본어에 능통한 것을 계기로 헌병보조원으로 발탁되어 경기도 양주군 고안헌병분견소에서 근무를 했다. '헌병보조원'이란 일제가 의병을 토벌하기 위해 만든 제도로 헌병의 앞잡이 역할을 했던 한국인을 말했다. 그러나 이후 강기동은 일제의 의병 탄압 실상과 만행을 목격하고 자신이 근무하는 헌병분견소에 수감된 의병들을 탈주시켰다. 그리고 본인도 이은찬이 이끄는 의병 부대에 참여해 의병 항쟁에 투신했던 매우 독특한 경력의 인물이었다. 강기동은 헌병보조원 시절의 정보를 바탕으로 이은찬 의병장에게 군자금 확보계획을 건의하고 일본군과 헌병의 내부 사정을 알려 줌으로써 반일 투쟁에 큰 공헌을 하였다. 강기동 의병장은 홍길동처럼 동해 번쩍 서해 번쩍, 경기도와 강원도 일대에서 큰 활약을 펼치며 일제의 간담을 서늘하게 했다. 일제 헌병사령부가 그를 체포하기 위해 현상금 500원을 걸 정도였다. 그러나 일제의 무자비한

"강기동의 총살형(姜基東의 砲刑)"

출처: 『매일신보』, 1911. 4. 19.

'남한대토벌작전'이 시작되자 무장 투쟁을 계속하기 위해 북간도로 이동하던 중 1911년 2월 원산에서 일본 경찰에게 붙잡히고 만다. 이후 서울로 압송되어 용산위수감옥에 수감되었다가 1911년 4월 17일 형장의 이슬로 사라졌다. 우리 정부는 강기동 의병장의 공적을 기려 1962년 건국훈장 대통령장을 추서하였다.

해방 이후 용산위수감옥의 주인은 일본군에서 미군으로 바뀌었다. 미 7사단이 용산기지에 주둔하면서 용산위수감옥은 '미 7사단 구금소'로 사용되었다. 미군정기인 1947년에는 '장군의 아들'로 잘 알려진 김두한이 이곳에 수감되었다. 김두한은 당시 '대한민주청년동맹'이라는 우익 청년단체를 이끌고 있었는데 좌익 인사들을 납치해 사망에 이르게 해 미 군사법정에 회부되어 이곳에 갇혔다. 결국 김두한은 1948년 3월 교수형을 언도받고 대전형무소로 이감되어 수감 생활을 하던 중 정부 수립 직후 이승만 대통령의 특별사면으로 풀려났다. 주한미군 철수 후 1949년 7월 우리 국군이 용산기지를 인수받아 대한민국 육군형무소로 사용했을 시절에는 백범 김구를 암살했던 안두희가 수감되기도 했다. 6·25전쟁 중에는 우리에게 〈풀〉로 잘 알려진 김수영(1921~1968) 시인도 이곳에 잠시 갇혔다. 김수영 시인은 전쟁 발발 후 피난을 못 간 채 의용군에 강제로 편입되어 평안남도까지 끌려갔다가 가까스로 탈출했다. 그런데 서울에서 또 다시 국군에게 붙잡혀 이곳 용산육군형무소를 거쳐 부산에서 3년 간 포로생활을 해야만 했던 기구한 운명을 겪었다. 어디 이들뿐일까. 얼마나 많은 사람들이 이곳을 거쳐 갔는지 아직 아무도 모른다. 일제강점기부터 지금까지 이곳에 묻혀 있는 역사적 사실과 진실은 여전히 베일에 싸여 있다. 이처럼 용산위수감옥의 붉은 벽돌 하나하나에는 수감자들의 피어린 사연과 애환들이 새겨져 있다. 얼마 전까지 이곳에서 근무했던 미군들 사이에서 밤에 머리가 쭈뼛 서고 귀신을 보았다는 얘기가 종종 돌았다고 한다. 이러한 얘기들이 한낱 예사롭게만 들리지는 않는 건 왜일까?

8) 한·중·미·일의 아픈 역사, 만주사변 전사자 충혼비(미8군 전몰자 기념비)

용산기지 메인 포스트에는 얼마 전까지 6·25전쟁 당시 사망한 미군 전사자들을 기리는 '미8군 전몰자 기념비'가 미8군사령부 옆에 있었다. 이 기념비는 용산미군기지를 방문하는 한국의 VIP(주요 요인)뿐만 아니라 수많은 고위 관료들이 참배를 했던 상징적인 기념공간이었다. 물론 지금도 여전히 한미동맹을 상징하는 기념비로 인식하고 있다. 그런데 이 '기념비'도 알고 보면 그 유래가 일제강점기까지 거슬러 올라간다. 이 기념비는 애초 일제의 중국 침략전쟁인 만주사변 당시 일본군 전사자들의 넋을 기리는 '만주사변 전사자 충혼비'였다. 앞서 여러 장소와 건물들이 일제의 아픈 기억을 갖고 있던 것과 마찬가지다.

그렇다면 이 기념비가 언제 어떻게 세워졌는지 그 역사를 살펴보자. 일제는 1910년 한국을 식민지화하고 1921년에는 한반도 2개 상주 사단 체제를 완성해 대륙 침략을 향한 사전 준비를 마친다. 그리고 1931년에는 급기야 만주사변을 일으켰다. 만주사변 당시 용산기지의 조선군사령부는 관동군의 만주 침략에 호응해 용산 제20사단사령부 예하 혼성 제39여단을 중국으로 파견하였다. 이 부대는 관동군 부대의 후방을 지

일제강점기 당시 만주사변 전사자 충혼비   현재 용산기지 메인 포스트 내 미 8군 전몰자 기념비

출처: 일제시기 사진엽서(왼쪽)

키며 항일무장투쟁 세력을 탄압하는 작전을 벌이다 1932년 조선으로 복귀했다. 당시 조선군사령부는 용산기지에 주둔했던 제20사단사령부마저 이들 부대들을 지휘하기 위해 만주까지 이동시켰다. 이때부터 용산기지는 사실상 일본 제국주의의 대륙 침략을 위한 전진기지이자 후방기지로서의 기능이 본격적으로 작동했던 것이다. 만주사변과 관련하여 당시의 신문기사에 따르면 1932년 6월 16일까지 파악된 만주사변 관련 조선 주둔 일본군 전사자는 387명이었고, 1933년 11월 12일 용산 병영 내 제26야포병연대(현 캠프 코이너 부지, 앞서 설명한 흥선대원군 납치 장소)에서 만주사변 전사자 추모행사를 개최했다. 이런 가운데 일제는 만주사변 시 죽은 전사자들을 기리기 위해 용산 제78연대 병영 내에 '만주사변 전사자 충혼비'를 건립하게 된다(1935년 11월 18일 제막식 거행). 보병 제78연대 병영은 앞서 설명했듯이 용산 주둔 일본군의 핵심 부대로 일제는 이곳에 만주사변 전사자 충혼비를 세워 군국주의 침략의 정신적 구심으로 삼으려 했다. 1944년 용산기지에서 촬영한 군국주의 선전영화 〈병정님〉에서도 훈련 중인 장

1944년 용산기지에서 촬영된 영화 〈병정님〉에 보이는 만주사변 충혼비(노란색 표시)

출처: 조선군보도부 제작 영화 〈병정님〉

병들 너머로 충혼비를 확인할 수 있다.

그렇다면 해방 이후 주한미군은 이 기념비를 어떻게 사용했을까.

주한미군 역사사무실에서 발간한 용산기지 소책자 *Historical Walking Tour of Yongsan Garrison*(용산기지 역사 도보 여행)(2008)에 따르면 이 기념비는 원래 "Japanese Religious Shrine(일본 신사)"였다고 한다. 원래는 "미8군 나이트 필드 연병장(일본군 보병 제78연대 연병장-필자)에 있었는데 6·25전쟁 기간 중 크게 파손되었던 것을 미8군 공병이 복구하여 미8군 전몰자 기념비로 바꾸었다"라고 설명하고 있다. 즉, 일본군 신사(神社)로 알고 있던 미8군이 6·25전쟁 직후 미8군 전몰자 기념비로 바꾼 것이다. 물론 이 기념비가 만주사변 때 죽은 일본군들을 기리는 만주사변 충혼비라는 것을 미군들이 자세히 몰랐을 수도 있다. 하지만 해방 직후 미군정기 3년 동안 미군들이 용산기지에 주둔하면서 이 기념비의 용도를 정말 몰랐을까 하는 의문도 동시에 든다. 미군정기에는 이 기념비가 어떤 용도로 사용되었는지 궁금하지만 현재는 관련 사료가 없어 자세히 알 수가 없다.

6·25전쟁 기간 미8군 공병이 만주사변 충혼비를 복구해 미8군 전몰자 기념비로 재건한 모습(1953년 7월 18일). 기념비 너머 보이는 산은 남산이다. 현재 이곳에는 한미연합군사령부가 들어섰다.

출처: 미국 국립문서기록관리청(NARA)

1955년 5월 30일 미국 현충일에 미8군 부사령관 클라우드 페렌바우(Claude B. Ferenbaugh) 장군이 미8군 전몰자에게 헌화 후 경례하는 모습

출처: 미국 국립문서기록관리청(NARA)

한·중·미·일의 역사를 품은 '미8군 전물자 기념비'가 있던 자리의 현재 모습

　이유가 어떻든 간에 과거 일본군 전사자를 기리던 비가 미군 전사자를 기리는 비로 바뀐 것이다. 정말 역사의 아이러니가 아닐 수 없다. 한국 근현대사 속에서 용산기지의 중층적인 역사성을 이보다 더 잘 보여 주는 기념물이 있을까. 이 기념비에는 근현대사 속 한국과 일본, 중국, 미국의 아프지만 소중한 역사가 모두 담겨 있다. 향후 용산기지의 역사를 말해 주는 소중한 역사유산으로서 보존할 가치가 있다고 생각한다. 그런데 웬일일까. 이 기념비는 현재 용산기지에 없다. 우리가 이 기념비의 가치와 의미를 제대로 생각해 보기도 전에 이 기념비는 평택미군기지로 이전되었다. 현재는 기념비가 위치했던 곳에 다음과 같이 잔디만 무성한 채 남아 있다.

　평택으로 이미 넘어간 기념비를 다시 돌려 달라고 해야 할까? 아니면 미군도 6·25전쟁 때 수많은 희생을 치렀기에 이 기념비에 큰 의미를 두는 만큼 그대로 두어야 할까? 모르긴 몰라도 이 기념비처럼 우리가 미처 그 역사적 의미와 가치를 생각해 보기도 전에 사라지거나 없어진 기념비·기념물이 한두 개가 아닐 것이다.

용산기지는 청나라군, 일본군, 미군이 번갈아 가며 외국군의 주둔지로 사용됐던 질곡의 역사를 품은 땅이다. 그 가운데 우리 군의 역사도 깊이 배어있다. 그렇지만 이제 다시 우리 품으로 돌아와 '용산공원'으로 새롭게 탈바꿈하고 있다. 사라진 기념비처럼 우리가 용산기지의 역사에 관심을 갖지 않으면 '역사'라는 알맹이가 빠진 채 빈 껍데기의 공원을 맞이할 수도 있다. 늦었지만 지금부터라도 용산기지의 역사에 보다 많은 관심을 가져야 할 때이다.

참고문헌

- 『동국여도(東國輿圖)』〈도성도(都城圖)〉,〈경강부임진도(京江附臨津圖)〉.
- 『동여도(東輿圖)』〈경조오부도(京兆伍部圖)〉, 1860년대.
- 〈대동여지도(大東輿地圖)〉, 1861.
- 〈마포근방도(麻浦近傍圖)〉, 1884.
- 〈한국용산 군용 수용지 명세도(韓國龍山軍用收用地明細圖)〉, 1906.
- 〈조선지형도(朝鮮地形圖)〉, 1915.
- 〈조선지형도(朝鮮地形圖)〉, 1921.
- 〈용산시가도(龍山市街圖)〉, 1927.
- 〈Kyongsong or Seoul(Keijo)〉, 1946.
- 『조선왕조실록(朝鮮王朝實錄)』.
- 『호구총수(戶口總數)』.
- 『용재총화(慵齋叢話)』.
- 『동국여지비고(東國輿地備攷)』.
- 『신증동국여지승람(新增東國輿地勝覽)』.
- 『일성록(日省錄)』.
- 『승정원일기(承政院日記)』.
- 『육전조례(六典條例)』.
- 『둔지미현존공토성책(屯之味現存公土成冊)』.
- 『일본외교문서(日本外交文書)』.
- 朝鮮駐箚軍經理部 編,『朝鮮駐箚軍永久兵營官衙及宿舍建築經過槪要』, 1914.
- 朝鮮駐箚軍經理部 編,『朝鮮駐箚軍經理部歷史』, 1915.
- 朝鮮軍經理部 編,『朝鮮師團營舍建築史』, 1923.
- 京城府,『京城都市計劃調査書』, 1927.
- 新光社,『日本地理風俗大系』, 1930.

- 朝鮮經濟日報社, 『朝鮮請負年監』, 1935.
- 朝鮮軍司令部, 『朝鮮軍歷史』 5, 1936.
- 『밀대일기(密大日記)』.
- 『대일기을집(大日記乙輯)』.

- 일본 방위성 소장 문서.
- 1945년 이전 발간 각종 신문.
- 조선군보도부, 영화 〈병정님〉, 1944.

- 고동환, 『조선시대 서울도시사』, 태학사, 2007.
- 국사편찬위원회, 『주한일본공사관기록』, 1986~2000.
- 국토교통부, 『용산공원 정비구역 종합기본계획 변경계획』, 2014.
- ____, 『용산공원 국제공모 당선 조성계획안 요약본』, 2020.
- 국토해양부, 『용산공원 정비구역 지정을 위한 기초조사』, 2009.
- ____, 『용산공원 정비구역 종합기본계획』, 2011.
- 김문식·김지영·박례경·송지원·심승구·이은주, 『왕실의 천지제사』, 돌베개, 2011.
- 김정명(金正明) 편, 『朝鮮駐箚軍歷史』, 巖南堂書店, 1967.
- 김종헌, 「20세기 세계유산으로서 용산기지의 가치」, 『용산공원의 세계유산적 가치』, 2015.
- 김천수, 「〈연구노트〉 1920년대 용산기지 내 주요부대 및 군사 건축물 현황 연구」, 『향토서울』 85, 2013.
- ____, 「일제시기 용산기지 형성 과정에 대한 기초 연구」, 『향토서울』 87, 2014.
- ____, 「일제시기 용산기지 구축과정과 기지 내 주요부대 및 군건축물에 관한 연구」, 『용산공원의 세계유산적 가치』, 2015.
- ____, 「6·25 전쟁기 용산기지의 재건과 상설기지화」, 서울시립대학교 석사학위논문, 2022.
- 김태우·김천수, 「용산구 둔지산의 장소성 소멸 과정과 복원에 대한 시론-남단의 위치에

- 　　　　대한 재검토와 고증을 중심으로」, 『서울과 역사』 110, 2022.
- 김해경, 「용산 총독 관저 정원의 조경사적 의의」, 『한국전통조경학회지』 29, 2011.
- 도수희, 『한국의 지명』, 아카넷, 2003.
- 서민교, 「일제강점기 용산기지의 군사전략적 기능에 대하여: 1904년 러일전쟁에서 1930년대 만주사변기의 '조선군'의 역할과 기능」, 『서울과 역사』 98, 2018.
- 서영희, 『일제 침략과 대한제국의 종말』, 역사비평사, 2012.
- 서울역사박물관, 『보광동: 서울특별시 뉴타운 민속지』, 2008.
- ＿＿, 『이태원 공간과 삶』, 2010.
- 서울특별시, 『용산공원의 세계유산적 가치 규명을 위한 일제 조사 보고서』, 2016.
- 서울특별시사편찬위원회, 『서울지명사전』, 2009.
- ＿＿, 『국역경성부사』 제1권, 2012.
- ＿＿, 『국역경성부사』 제2권, 2013.
- 손정목, 「신용산과 나남의 형성과정」, 『향토서울』 36, 1979.
- ＿＿, 『한국개항기 도시변화과정연구』, 일지사, 1982.
- 송지연, 「러일전쟁 이후 일제의 군용지 수용과 한국민의 저항」, 이화자대학교 석사학위 논문, 1997.
- 신주백, 「용산과 일본군 용산기지의 변화(1884~1945)」, 『서울학연구』 제29호, 2007.
- 신주백·김천수 편, 『사진과 지도, 도면으로 본 용산기지의 역사2(1945~1949)』, 선인, 2020.
- 신주백·김천수 편, 『사진과 지도, 도면으로 본 용산기지의 역사3(1950~1953)』, 선인, 2021.
- 아극돈 외 지음, 은몽하·우호 엮음, 김한규 옮김, 『사조선록 역주 5-청사의 조선 사행록』, 소명출판, 2012.
- 오문선, 「용산 둔지미의 공간적 역사와 삶의 지속」, 『향토서울』 87, 2014.
- ＿＿, 「근현대시기 용산 둔지미와 둔지미 부군당의 추이」, 『민속학연구』 37, 2015.
- 김천수 지음, 용산구청 편, 『용산기지의 역사를 찾아서』(통합본), 2021.
- 용산구청, 『용산구지』, 2001.

- 이이화, 『한국사 이야기21: 해방 그날이 오면』, 한길사, 2004.
- 이재범, 『한반도의 외국군 주둔사』, 중심, 2001.
- 임종국, 『日本軍의 朝鮮侵略史』Ⅰ, 일월서각, 1988.
- ____, 『日本軍의 朝鮮侵略史』Ⅱ, 일월서각, 1989.
- 정재정, 『일제침략과 한국철도』, 서울대학교 출판문화원, 1999.
- 조건, 「일제 한국주차군 경리부의 활동과 한국민의 대응(1904~1910)」, 동국대학교 석사학위논문, 2005.
- ____, 「전시 총동원체제기 조선 주둔 일본군의 조선인 통제와 동원」, 동국대학교 박사학위논문, 2015.
- 조건·김천수·한동수, 「한국근대건축 연구자료 '朝鮮師團營舍建築史' 자료 소개」, 『건축역사연구』 2013년 2월호(86호), 2013.
- 후지와라 아키라(藤原彰) 지음, 엄수현 옮김, 『日本軍事史』, 시사일본어사, 1994.

- 이순우, "아방궁으로 썼다는 용산의 제2총독 관저", 『시사저널』, 2010. 12. 8.

- 미 국립문서관리청(NARA) 소장 각종 문서 및 사진 이미지.
- 김천수 소장 용산기지 사진 컬렉션.
- USFK Command History Office, *Historical Walking Tour of Yongsan Garrison*, 2008.

찾아보기

• ㄱ •

가토 기요마사 53
갈월리 48, 49, 53, 54
강기동 119, 121, 122
강세황 17, 26, 27, 28, 29, 30, 59
〈경강부임진도〉 20
『경성도시계획자료조사서』 57
『경성부사』 35, 53, 56
〈경조오부도〉 16, 17, 18, 19
『고려사』 13, 14, 33
고바야카와천 58
고이소 구니아키 83, 88
고종 35, 38, 42, 46, 97
『고종실록』 38, 39, 40
공병대 114, 115, 117, 118
관동군 116, 117, 118, 123
국립중앙박물관 29, 56, 57
국방부와 육군본부 85, 94, 100, 103, 104
군마충혼비 36
군사기지 21, 30, 37, 44, 45, 47, 49, 58, 70, 72

군용지 35, 47, 48, 49, 52, 53, 57, 62, 63, 65, 66, 67, 68, 69, 70, 78, 79
기우제 31, 34, 35
김구 119, 122
김두한 122
김수영 122
김정렬 103
김종필 103, 104, 105
김좌진 118

• ㄴ •

남경 13
남단(풍운뇌우단) 16, 31, 32, 33, 34, 35, 36, 37, 40, 42, 55
남단고개 54, 55, 56
남묘 54
남산(목멱산) 18, 28, 29, 31, 41, 52, 58
〈남산여삼각산도〉 28, 29
노들 12, 13
느티나무 29, 30, 58

133

• ㄷ •

대촌 51, 57, 59, 77

대통령실 11, 59

데라우치 마사타케 41, 47, 56, 70, 72, 80, 81, 82, 83, 95, 96, 97

〈도성대지도〉 20, 21

독립공병 제23연대 108

『동국여지비고』 33, 53

『동여도』 17

『동행삼록』 42

두운지정 26, 27, 28, 30, 59

둔산 17

둔전 17, 27

둔지미(둔지뫼, 둔지매) 16, 17, 19, 20, 21, 22, 24, 25, 38, 40, 43, 57, 58, 59, 60, 62, 63, 64, 65, 67, 70, 74, 75, 76, 77, 78, 80, 81, 82, 95

둔지미 마을 29, 44, 49, 50, 51, 59, 62, 69, 79, 86

둔지방 18, 19, 20, 21, 22, 23, 24, 25, 35, 40, 44, 48, 50, 51, 54, 62, 67, 68, 91

둔지산 16, 17, 18, 19, 21, 22, 24, 26, 27, 28, 29, 31, 32, 33, 35, 38, 40, 42, 44, 49, 50, 51, 57, 59, 70, 79, 89, 95, 119

둔지촌 20, 21

드래곤 힐 호텔 11, 86, 87

• ㄹ •

러일전쟁 27, 35, 38, 44, 45, 49, 50, 52, 62, 70, 89, 90, 91, 95

• ㅁ •

마건충 38, 39, 40, 42

〈마포근방도〉 11, 12, 14

만주사변 92, 123, 124, 125

만주사변 전사자 충혼비 123, 124, 125, 126

만초천 17, 19, 20, 51, 53, 54, 58, 91

메인 포스트 71, 109, 123, 124

무후묘 61

미 군사고문단 94, 98

미7사단 구금소 122

미7사단사령부 93, 94, 100, 103

미8군 벙커 104

미8군 전몰자 기념비 123, 124, 125, 126, 127, 128

미8군도로 56, 57

미8군장교클럽 86, 87

미나미 지로 83, 88, 98

미쓰야 협정 118
『밀대일기』 50

· ㅂ ·

박정희 103, 104, 105
방공호 105, 106, 107, 108, 109
백선엽 103, 105
〈병정님〉 111, 112, 113, 124, 125
보광동 61, 69
보병 제78연대 110, 111, 124, 125
본토결전 106
부군당 61

· ㅅ ·

사격장 47, 57, 73, 75
사우스포스트 벙커 101
사이토 리키사부로 46
삼판통 56
서빙고 17, 18, 19, 20, 25, 31, 51, 56, 104, 114, 115
석학교 51, 54, 55
성저십리 14
『세종실록』 31, 32, 33
순종 97
『승정원일기』 24, 25

신용산 56
신촌 56
쑨원 116
쓰루하라 사다키치 66

· ㅇ ·

아시아태평양전쟁 92, 102, 103
야마가타 아리토모 81
영구 병영 건축 70
영친왕(이은) 84
옛길 51, 54, 56, 57
오장경 39, 40, 42
와서 17, 20, 51
용산 제20사단 92, 115
용산중·고등학교 55
우수재 54, 55
우쓰노미야 다로 84, 88
우에다 겐키치 83, 88
원내촌 51, 59, 61
위수감옥 72, 73, 111, 119, 120, 122
육군본부 벙커 100, 101, 103, 104
윤봉길 83
이지용 63, 64
이태원 11, 18, 21, 24, 31, 51, 54, 56, 57, 58, 114

이토 히로부미 65, 66, 67, 68, 80, 81,
82, 83, 96

일본 35, 40, 41, 43, 44, 45, 47, 64,
66, 67, 70, 81, 83, 106, 111, 117,
118, 124, 127

일본군 11, 36, 41, 43, 44, 45, 46,
48, 50, 51, 52, 56, 57, 58, 61, 62,
63, 64, 66, 67, 68, 69, 70, 71, 72,
77, 80, 82, 83, 86, 92, 94, 98,
100, 101, 102, 103, 106, 107,
110, 111, 112, 114, 115, 116,
117, 118, 119, 121, 122, 123,
124, 125, 127, 128

일본군'위안부' 93

일본 방위성 50, 102

임오군란 24, 38, 40, 41, 42, 43

임진왜란 14, 53, 58

• ㅈ •

장제스 116, 117, 118

장쭤린 폭살 사건 115, 116, 117

전생서 16, 20, 31, 32, 48, 49, 51,
54, 55

제26야포병연대 124

제갈공명 61

제암리학살사건 92

조선군사령부 89, 90, 91, 92, 93, 94,
95, 100, 101, 102, 103, 105, 107,
123, 124

조선 제205부대 108, 109

조선총독 41, 56, 72, 82, 83, 84, 95,
96, 97, 98, 107

존 리드 하지 94

주한미군 11, 36, 85, 86, 93, 94, 97,
98, 99, 100, 103, 106, 109, 112,
114, 122, 125

준호구 22, 23, 25

중일전쟁 92, 97

지어둔계(之於屯契) 19, 20, 21, 22, 23,
24, 25, 59

• ㅊ •

천흥철 22, 23, 24, 25

청나라 24, 35, 40, 41, 43, 56

청일전쟁 52

청파 33, 53

• ㅋ •

캠프 서빙고 94

캠프 코이너 35, 36, 41, 55, 56, 124

캠프 킴 118

클라우드 페렌바우 126

• ㅌ •

통감 관저 58, 74, 79, 80, 81, 82, 83, 95
통감부 65, 66, 67, 68, 80, 81, 82, 96

• ㅍ •

평택미군기지 99, 118, 127
『표암유고』 27

• ㅎ •

하나부사 요시모토 41
하세가와 요시미치 67, 70, 72, 82, 92, 95, 96
하야시 곤스케 65
하야시 센주로 83, 88
한강 11, 13, 14, 15, 17, 18, 19, 24, 28, 31, 48, 49, 54, 57, 59, 92, 116
한강철교 12
한국강제병합조약 96
한국주차군사령관 45, 67, 70, 92, 95
한국주차군사령부 45, 64, 65, 66, 70, 72, 80, 82, 89, 90, 91
한국주차군 참모장 46

한국통감 41, 82
한미연합군사령부 101, 105, 109, 112, 126
한성부 14, 22, 24, 31, 48, 63
한양 도성 11, 14, 18, 24, 31, 41, 44
한일의정서 44, 45, 64, 70
황사림 40, 42
후암동 19, 32, 54, 57, 59
후암천 55
흥선대원군(이하응) 38, 39, 41, 42, 43, 56, 124

6·25전쟁 13, 85, 86, 90, 93, 94, 98, 99, 101, 103, 104, 106, 110, 112, 114, 122, 123, 125, 126, 127
121종합병원 82, 97, 99

일제침탈사 바로알기 24
우리가 몰랐던 용산기지 일제침탈사

초판 1쇄 발행 2023년 12월 20일

지은이	김천수
펴낸이	이영호
펴낸곳	동북아역사재단

등록	제312-2004-050호(2004년 10월 18일)
주소	서울시 서대문구 통일로 81 NH농협생명빌딩
전화	02-2012-6065
홈페이지	www.nahf.or.kr
제작·인쇄	(주)동국문화

ISBN 979-11-7161-032-7 (04910)
       978-89-6187-482-3 (세트)

- 이 책은 저작권법으로 보호를 받는 저작물이므로 어떤 형태나 어떤 방법으로도 무단전제와 무단복제를 금합니다.
- 책값은 뒤표지에 있습니다. 잘못된 책은 바꾸어 드립니다.